高校学生档案管理规范与应用

肖 囡 著

☆ 中国纺织出版社有限公司

内 容 提 要

本书立足于当前高校学生档案管理的实践需求和理论探索，主要讲解了高校学生档案概述、高校学生档案管理概述、高校学生档案管理制度建设、高校学生档案管理技术与工具、高校学生档案管理与信息化发展、高校学生档案管理与人才培养、高校学生档案管理与教学改革、高校学生档案管理与校企合作、高校学生档案管理的未来发展。从理论到实践，从制度建设到技术创新，从个案分析到未来发展趋势，全面解读和深入探讨高校学生档案管理，可以为高校管理者、档案管理工作者以及相关研究者提供参考和借鉴。

图书在版编目（CIP）数据

高校学生档案管理规范与应用 / 肖囡著. -- 北京：中国纺织出版社有限公司，2024.6. -- ISBN 978-7-5229-1861-7

Ⅰ．G647.24-65

中国国家版本馆 CIP 数据核字第 2024KF6938 号

责任编辑：史 岩 李立静　　责任校对：王蕙莹
责任印制：储志伟

中国纺织出版社有限公司出版发行
地址：北京市朝阳区百子湾东里A407号楼　邮政编码：100124
销售电话：010—67004422　传真：010—87155801
http://www.c-textilep.com
中国纺织出版社天猫旗舰店
官方微博 http://weibo.com/2119887771
天津千鹤文化传播有限公司印刷　各地新华书店经销
2024年6月第1版第1次印刷
开本：710×1000　1/16　印张：13.5
字数：215千字　定价：99.90元

凡购本书，如有缺页、倒页、脱页，由本社图书营销中心调换

导　言

随着高等教育的迅速发展和社会信息化进程的加速推进，高校学生档案管理工作也面临着新的挑战与机遇。当今时代，高等教育扮演着培养人才、传承文化、推动科技进步和社会发展的重要角色，而高校学生档案管理作为学校管理与服务的重要组成部分，既管理着学生个人学籍、成长发展等重要信息，又反映了学校的教育质量、管理水平和社会责任。因此，健全高校学生档案管理制度是高校教育管理的需要，也是推动学校发展和服务社会的必然要求。

高校学生档案管理不仅关乎学校管理和学生个人发展，也深刻影响着社会发展和国家建设。随着高等教育的普及和人才培养目标的不断提高，高校学生档案管理的重要性愈发凸显。因此，我们有必要深入探讨高校学生档案管理的理论与实践，不断完善管理制度，提高管理水平，以适应社会发展的需要。本书立足于当前高校学生档案管理的实践需求和理论探索，全面系统地介绍高校学生档案管理的规范与应用，从理论到实践，从制度建设到技术创新，从个案分析到未来发展趋势，为高校管理者、档案管理工作者以及相关研究者提供参考和借鉴。通过对档案管理的全面解读和深入探讨，希望能够推动高校学生档案管理工作的规范化、科学化和信息化，为学生个人成长和学校发展提供更加有力的支撑。

本书分为九章，从高校学生档案和档案管理的概述开始，逐步深入到制度建设、技术与工具、实践案例等方面，最终展望未来发展趋势和愿景，旨在为读者提供全面、深入的理解和思考。

希望本书能够为高校学生档案管理工作提供有益的参考，促进学术交流和实践探索，推动高校学生档案管理工作的不断提升。

肖囡

2024 年 4 月

目 录

第一章 高校学生档案概述 ·· 001

第一节 高校学生档案的概念与作用 ······························ 001
第二节 高校学生学籍档案的内容与管理 ························ 002
第三节 高校学生专业发展档案的内容与管理 ··················· 008
第四节 高校学生个人成长档案的内容与管理 ··················· 015

第二章 高校学生档案管理概述 ···································· 023

第一节 高校学生档案管理的基本原则与要求 ··················· 023
第二节 高校学生档案管理的重要意义 ··························· 025
第三节 高校学生档案管理的现状与挑战 ························ 033

第三章 高校学生档案管理制度建设 ······························ 038

第一节 高校学生档案管理制度的建立 ··························· 038
第二节 高校学生档案管理流程的建立 ··························· 049
第三节 高校学生档案管理制度与流程的评估与优化 ··········· 054
第四节 高校学生档案管理体系构建 ······························ 064

第四章 高校学生档案管理技术与工具 ··························· 071

第一节 电子档案管理系统的建设与应用 ························ 071
第二节 数据安全与保护措施 ······································ 084
第三节 典型案例 ·· 091

第五章 高校学生档案管理与信息化发展 ························ 097

第一节 高校学生档案管理信息化的重要性 ····················· 097
第二节 信息技术在高校学生档案管理中的应用及影响 ········ 106

　　　　第三节　高校学生档案管理信息化带来的挑战及其应对策略 … 110
　　　　第四节　信息技术在高校学生档案管理中的发展趋势 ………… 113

第六章　高校学生档案管理与人才培养 …………………………… 117
　　　　第一节　高校学生档案管理与人才培养的关系 ……………… 117
　　　　第二节　高校学生档案管理在人才培养过程中的应用 ……… 123
　　　　第三节　高校学生档案管理在人才培养质量
　　　　　　　　提升与评价中的作用 ………………………………… 128

第七章　高校学生档案管理与教学改革 …………………………… 131
　　　　第一节　高校学生档案管理对教学改革的支持与保障 ……… 131
　　　　第二节　教学改革对高校学生档案管理的影响 ……………… 137
　　　　第三节　教学改革为高校学生档案管理带来机遇与挑战 …… 144

第八章　高校学生档案管理与校企合作 …………………………… 151
　　　　第一节　校企合作概述 ………………………………………… 151
　　　　第二节　校企合作中的高校学生档案管理 …………………… 153
　　　　第三节　校企合作对高校学生及学生档案管理的影响 ……… 165

第九章　高校学生档案管理的未来发展 …………………………… 174
　　　　第一节　高校学生档案管理的发展趋势 ……………………… 174
　　　　第二节　利用新技术推动高校学生档案管理创新 …………… 182
　　　　第三节　提升高校学生档案管理水平的策略与建议 ………… 191

结语：高校学生档案管理的全面发展与愿景 ……………………… 202

参考文献 …………………………………………………………… 205

第一章 高校学生档案概述

第一节 高校学生档案的概念与作用

一、高校学生档案的概念

高校学生档案是指高等学校为了管理学生个人信息、记录学生学业成绩和学习过程、反映学生综合素质和发展情况而建立的一套档案。这一档案记录了学生在校期间的各种重要信息，包括但不限于学籍档案、专业发展档案、个人成长档案等，具体包括学生的个人基本信息（如姓名、性别、出生日期、籍贯等）、入学申请材料、学籍变动情况、学习成绩、课程选修情况、社会实践活动、荣誉奖励、处分记录等内容。高校学生档案是学校对学生进行全方位管理和服务的重要工具，也是学生个人学习、生活、发展的重要记录。

二、高校学生档案的作用

高校学生档案的作用主要包括以下五个方面。

（一）学生管理与服务支撑

高校学生档案是学校进行学生管理和提供服务的基础。通过学生档案系统，学校能够了解每位学生的个人情况、学业进展和发展需求，为学生提供个性化的教育管理和服务支撑，也可以根据学生档案信息制订有针对性的教学计划、学业辅导方案和个人成长指导计划，以促进学生全面发展。

（二）教学质量监控与评估

高校学生档案记录了学生的学习成绩、课程选修情况等信息，可以为学校的教学质量监控和评估提供重要数据支持。通过分析学生档案信息，学校可以及时发现教学中存在的问题和不足，调整教学方案和改进教学方法，提升教学质量和效果。

（三）学生评优与奖学金评定

高校学生档案记录了学生的奖惩情况、学术成就等信息，是评定学生优秀程度和奖学金等级的重要依据。学校可以根据学生档案信息，制定评优奖励标准和奖学金评定规则，激励学生积极学习和参与活动，培养优秀人才。

（四）职业规划与就业指导

高校学生档案记录了学生的实习经历、社会实践活动等信息，为学生的职业规划和就业提供重要参考依据。学校可以根据学生档案信息开展职业生涯规划指导和就业服务，帮助学生了解职业发展趋势、掌握就业技能、拓展就业渠道，提高就业竞争力。

（五）学校声誉与社会评价

高校学生档案管理的规范与完善不仅反映了学校的管理水平和服务质量，还直接影响学校的声誉和社会评价。学校通过规范管理学生档案，及时更新和维护档案信息，能够树立良好的学校形象，赢得社会信任和认可，提升学校的声誉和影响力。

高校学生档案作为高校管理和服务的重要工具，不仅为学校管理提供依据和支撑，还为学生个人发展和社会服务提供重要保障和支持。

第二节　高校学生学籍档案的内容与管理

一、高校学生学籍档案的定义

高校学生学籍档案是指学生在其就读高校期间形成的一套完整的文件资料，记录了学生的个人基本信息、学习情况、学业成绩、学籍变动等内容。

它是学生学习生涯的重要记录，也是学校管理学生的重要依据之一。

二、高校学生学籍档案的内容设置

（一）个人基本信息

学籍档案作为学生学习和成长的重要记录，其中包含了丰富的个人基本信息，这些信息对学生的管理、评价以及后续的学习和工作都具有重要意义。以下是学籍档案中常见的个人基本信息。

（1）姓名：学生的姓名是学籍档案中最基本的信息之一，它是唯一标识学生身份的要素之一。学校应当准确记录学生的姓氏、名字，并确保姓名的一致性和准确性。

（2）性别：学籍档案中应当包含学生的性别信息，以便学校进行性别统计和管理，保障学生的权益。

（3）出生日期：出生日期是学生个人信息中的重要组成部分，它不仅用于年龄统计和管理，还可以用于证明学生的年龄和身份。

（4）身份证件号码：学籍档案中应当包含学生的身份证件号码，这是学生身份的重要证明，也是学生进行各类事务办理的必备材料之一。

（5）联系方式：学籍档案中应当包含学生的联系方式，包括手机号码、电子邮箱等，以便学校与学生联系和沟通。

（6）家庭地址：家庭地址是学籍档案中重要的联系信息之一，学校需要了解学生的家庭住址，以便及时了解学生的家庭情况和提供必要的帮助。

（7）入学日期：入学日期记录了学生的入学时间，是学生学籍档案中的重要时间节点之一，也是学生学习和成长历程的起点。

（8）所属班级与学院：学籍档案中应当包含学生所属的班级和学院信息，以便学校进行班级管理和学院管理，保障学生的学习秩序和教学质量。

以上个人基本信息构成了学生学籍档案的基础信息，对学校的学生管理和服务工作具有重要意义。学校应当建立健全的学籍档案管理制度，确保学生个人基本信息的准确、完整和安全。

（二）入学、转专业、休学、复学等学籍变动记录

学生在学习过程中可能会发生各种学籍变动，包括入学、转专业、休学、复学等情况，这些变动对学校的学籍管理和学生的个人发展具有重要影响。因此，学籍档案中应当详细记录学生的学籍变动情况，以便学校进行及时、有效的管理和服务。以下是学籍档案中常见的学籍变动记录内容。

（1）入学记录：入学记录是学生学籍档案中最基本的学籍变动之一，记录了学生的入学时间、入学方式、入学所在班级和学院等信息。入学记录是学生学籍的起点，也是学校进行学生学籍管理的第一步。

（2）转专业记录：学生在学习过程中可能会根据个人兴趣和发展需要申请转专业，转专业记录详细记录了学生的转专业申请时间、原专业与新专业信息、转专业理由等内容。转专业记录对学校进行学生专业管理和教学调配具有重要意义。

（3）休学记录：学生在学习过程中可能会因为个人原因或其他特殊情况申请休学，休学记录详细记录了学生的休学申请时间、休学原因、休学期限等信息。休学记录有助于学校了解学生的学习情况和提供必要的支持和服务。

（4）复学记录：学生在休学期满后申请复学，复学记录详细记录了学生的复学申请时间、复学理由、复学审批情况等信息。复学记录有助于学校了解学生的学籍变动情况和安排学生的学习生活。

（5）其他学籍变动记录：除了上述常见的学籍变动记录，学籍档案中还应当记录其他与学生学籍相关的重要变动情况，这些记录有助于学校全面了解学生的学习和发展情况，为学生提供个性化的管理和服务。

以上学籍变动记录对学校进行学生学籍管理和个性化服务具有重要意义。学校应当建立健全的学籍变动记录制度，确保学生学籍变动信息的准确、完整和安全。

（三）学习成绩和学业评价

学习成绩和学业评价是学生学籍档案中至关重要的一部分，它们反映了学生在学习过程中的表现和成绩，对学生的学业发展和个人成长起着重要的

指导和评价作用。在学籍档案中，学校应当对学生的学习成绩和学业评价做详细记录，以便为学生提供个性化的学习指导和教育服务。

（1）学习成绩记录：学习成绩记录是学生学籍档案中最基本的内容之一，它详细记录了学生在各门课程中的考试成绩、平时成绩、综合评价等信息。学校应当根据学生的学习情况及时更新学习成绩记录，确保学生学习成绩的准确性和及时性。

（2）学业评价记录：学业评价记录是对学生学业发展和学习态度的综合评价，它包括学生的学习动态、学习态度、学习能力等方面的评价内容。学校应当根据学生的学习表现和综合素质，对学生进行全面、客观的学业评价，并将评价结果记录在学籍档案中，为学生提供个性化的学习指导和教育服务。

（3）学习计划和进度记录：学习计划和进度记录是学生学籍档案中的重要内容之一，它反映了学生在学习过程中的学习计划和实际学习进度。学校应当帮助学生制订合理的学习计划，并定期跟踪和记录学生的学习进度，及时发现和解决学生学习中的问题，确保学生顺利完成学业目标。

（4）学业奖惩记录：学业奖惩记录是学生学籍档案中的重要内容之一，它记录了学生在学习过程中的优异表现和不良行为，包括学业奖励、学业警告、学业处分等情况。学校应当根据学生的学业表现，及时给予奖励或处罚，并将相关记录纳入学籍档案，以激励学生积极学习、规范行为。

学习成绩和学业评价对学校进行学生学籍管理和个性化服务具有重要意义。学校应当建立健全的学习成绩和学业评价制度，确保学生学习成绩和学业评价信息的准确、完整和及时。

（四）奖励、处分和学业警示等信息

奖励、处分和学业警示等信息是学生学籍档案中必不可少的一部分，它们记录了学生在学习过程中的表现和受到的奖励或处分情况，有助于学校了解学生的学习态度和行为表现，促进学生的良好学风和行为规范。

（1）奖励记录：奖励记录包括学生在学习、科研、社会活动等方面取得的优异成绩和荣誉称号，如学业奖学金、学科竞赛奖项、优秀志愿者等。学校应当及时记录学生获得的各类奖励,并将相关证书或证明文件存档,以鼓励学生继续努力学习和积极参与各项活动。

(2)处分记录:处分记录包括学生在学习、生活等方面违反规定受到的处分情况,如违纪违规行为等。学校应当依据相关规定对学生进行处分,并将处分决定书或处分通知书等记录在学籍档案中,以规范学生的行为、维护校园秩序。

(3)学业警示记录:学业警示记录是对学习成绩不佳或存在学习问题的学生进行提醒和警示的一种措施,旨在帮助学生认识学习问题的严重性,引起其重视并促使其及时进行调整。学校应当根据学生的学习情况,及时对学业较差或存在学习问题的学生进行学业警示,并将相关记录纳入学籍档案,以促进学生的学业进步和个人成长。

奖励、处分和学业警示等信息的记录对于学校进行学生学籍管理和个性化服务具有重要意义,学校应当建立健全的奖励、处分和学业警示记录制度,确保相关信息的准确、完整和及时记录。同时,学校还应当加强对学生的教育和引导,引导学生树立正确的人生观和价值观,提高自我约束能力,积极参与学校活动,为学校的和谐稳定和发展做出贡献。

三、高校学生学籍档案的归档标准与存储要求

学籍档案的归档标准和存储要求是确保学籍档案信息安全、完整和可靠的重要保障,它涉及档案管理的规范化、标准化和科学化。学校应当根据相关法律法规和档案管理规定,制定学籍档案的归档标准和存储要求,以保障学籍档案信息的安全性和可用性。

(一)归档标准

(1)文件分类:学籍档案应当按照文件的性质、用途和重要性分类归档,明确各类文件的归档级别和保管期限。

(2)文件鉴定:学籍档案应当进行文件鉴定,确认文件的真实性、完整性和准确性,以防止造假和篡改行为的发生。

(3)文件编号:应当对每份学籍档案文件进行编号,并建立档案索引,

以便于查阅和管理。

（4）文件保管期限：学籍档案文件应当根据文件的性质和用途确定保管期限，对于不同类型的文件应当采取不同的保管期限，以确保文件的及时更新和清理。

（5）文件安全措施：应对学籍档案文件采取有效的安全措施，包括密码保护、防火、防水、防盗等措施，以确保档案信息的安全性和完整性。

（二）存储要求

（1）存储环境：学籍档案应当存放在良好的存储环境中，应具有防潮、防尘、防火、防盗等设施，确保档案信息的安全和完整。

（2）存储设备：学籍档案应当存放在专用的档案柜或档案室中，采用防火、防水、防盗的存储设备，确保档案信息的安全和可靠。

（3）存储管理：学校应当建立健全的学籍档案存储管理制度，明确档案的存取权限和责任人，定期对档案进行检查和整理，保障档案信息的安全和完整。

学校应当根据学籍档案的特点和管理需要制定相应的归档标准和存储要求，并加强对学籍档案管理人员的培训和管理，提高档案管理的科学化和规范化水平，确保学籍档案信息的安全、完整和可靠。

四、高校学生学籍档案管理的原则

学籍档案的管理原则与制度建设是确保学生学籍档案管理工作规范、高效运转的关键。遵循科学的管理原则和建立完善的管理制度能够有效地保障学生档案信息的安全性、完整性和可靠性，为学校管理提供有力支撑。

（一）信息安全原则

学籍档案管理应遵循信息安全的原则，保护学生个人信息不被泄露、篡改或滥用。建立健全的信息安全管理制度，包括权限管理、数据加密、访问审计等措施，确保学籍档案信息的机密性和完整性。

（二）规范性原则

学籍档案管理应遵循规范性原则，建立起统一的档案管理规范和标准，规范学籍档案的收集、整理、存储、归档等工作流程，确保学籍档案信息的一致性和规范化。

（三）真实性原则

学籍档案管理应遵循真实性原则，确保学籍档案信息的真实、准确、可靠。严格控制学籍档案信息的录入和更新，加强数据校验和审核，防止错误信息的出现，保证学籍档案信息的真实性和可信度。

（四）可追溯性原则

学籍档案管理应遵循可追溯性原则，建立学籍档案信息的全程追踪机制，记录学籍档案信息的生成、修改、访问等操作，确保学籍档案信息的可追溯性和可控性，以便于监督和管理。

（五）法律遵从原则

学籍档案管理应遵循法律法规的要求，严格遵守有关学生档案管理的法律法规和政策规定，保护学生个人隐私和权益，合法合规地开展学籍档案管理工作。

为了落实以上管理原则，学校需要建立健全的学籍档案管理制度，明确学籍档案管理的组织架构和责任分工，制定详细的管理规章制度，加强学籍档案管理人员的培训和管理，不断完善学籍档案管理工作流程，确保学籍档案管理工作的高效、规范和安全。

第三节 高校学生专业发展档案的内容与管理

一、高校学生专业发展档案的定义与作用

（一）定义

专业发展档案是指记录学生在专业学习和实践中所取得成就和经历的档案，包括专业课程学习情况、实习实践经历、科研成果、专业技能证书等内容。其主要作用在于全面展示学生在专业领域的学习和成长情况，为学生未来的职业发展提供重要参考和支持。

（二）作用

专业发展档案是学生在专业学习和发展过程中的重要记录，对于学生的职业发展和学校的教学管理都具有重要意义。

（1）职业规划和发展：专业发展档案记录了学生在专业学习和实践中所取得的成就和经历，为学生未来的职业规划和发展提供重要参考和支持。

（2）学业评价和导向：通过分析专业发展档案，学校和老师可以对学生的学业表现进行评价和指导，帮助学生发现自身的优势和不足，为其制定更加合理的学习计划和目标。

（3）学生档案管理：专业发展档案是学生档案管理体系中的重要组成部分，对于学校了解学生的学习情况、进行学籍管理和毕业审核具有重要意义。

（4）就业竞争力提升：专业发展档案中记录的专业技能证书、科研成果等信息可以提升学生的就业竞争力，增强其在职场中的竞争优势。

二、高校学生专业发展档案的内容设置

（一）专业课程学习记录

专业课程学习记录是专业发展档案中的重要内容之一，旨在记录学生在学习过程中所修读的各门专业课程情况。具体包括以下四个方面的内容。

（1）课程名称与学分：记录学生所学习的各门专业课程的名称及相应的学分，确保学生所修读的课程符合学校相关规定。

（2）学习时间：记录学生参与该课程学习的具体时间，包括学期、学年等，以便对学习进度和学业规划进行跟踪和评估。

（3）授课教师：记录授课教师的姓名和职称等信息，便于对教学质量进行评估和反馈。

（4）学习成绩：记录学生在该课程中取得的成绩，包括平时成绩、考试成绩等，反映学生的学习情况和成绩水平。

以上内容的记录应该及时更新和完善，确保专业课程学习记录的准确性和完整性。同时，学生可以通过查阅专业课程学习记录，了解自己在专业课

程方面的学习情况，为未来的学习和发展提供参考依据。

（二）实习、实训和科研经历

专业发展档案中记录学生在实习、实训和科研方面的经历，对于全面了解学生的专业能力和实践能力至关重要。这部分内容主要包括以下三个方面的记录：

（1）实习经历：记录学生在校外进行的实习活动，包括实习单位、实习时间、实习内容和实习成果等。实习是学生将理论知识应用到实践中的重要机会，学生可以通过实习提升自身的专业技能和实践能力。

（2）实训经历：记录学生在校内进行的实训活动，包括实训项目、实训内容、实训时间和实训成果等。实训是学生在校园内进行专业实践的重要环节，学生可以通过实训加强自身的动手能力和团队合作能力。

（3）科研经历：记录学生在科研项目中的参与情况，包括科研项目名称、研究内容、研究成果等。科研是学生培养科学研究能力和创新能力的重要途径，学生可以通过参与科研项目提升自身的科学素养和研究能力。

学校应该建立完善的档案管理制度，及时记录和更新学生的实习、实训和科研经历，为学生的个人成长和职业发展提供有效的支持和指导。同时，学生也应该主动参与实习、实训和科研活动，积极记录自己的实践经历，不断完善个人发展档案。

（三）职业技能培训和证书获得记录

专业发展档案中应当记录学生参加的各类职业技能培训和获得的证书，这些记录反映了学生在不同领域的专业技能水平和自我提升情况。

（1）培训记录：应当详细记录学生参加的各类职业技能培训，包括培训名称、培训机构、培训时间、培训内容等。职业技能培训可以是学校组织的内训，也可以是外部机构提供的外训，其可以涵盖各种与专业相关的技能培训，如软件应用培训、实用技能培训等。

（2）证书获得记录：学生获得的各类证书也是专业发展档案中的重要内容，包括相关技能证书、职业资格证书、语言等级证书等。证书的获得反映了学生在特定领域的专业能力和学习成果，具有一定的权威性和可信度，可以为学生的就业和升学提供有力的支持。

培训和证书的记录不仅可以为学生的个人成长和职业发展提供证据和依据，还可以为学校的教学质量评估和专业建设提供参考。通过不断参加培训和获取证书，学生可以提升自己的专业技能水平，增强就业竞争力，实现个人价值和社会贡献。

学校应当建立完善的档案管理制度，及时记录和更新学生的职业技能培训和证书获得情况，为学生的专业发展和就业规划提供有效的支持和指导。同时，学生也应该积极参与各类培训活动，努力提升自己的职业技能水平，为未来的发展打下坚实的基础。

（四）学术成果和竞赛荣誉

学术成果和竞赛荣誉是学生专业发展的重要标志，不仅反映了学生的学术能力和科研潜力，还可为学生的学术发展和职业规划提供重要参考。学生学术成果和竞赛荣誉记录可为学校评估教学质量、优化课程设置提供了重要依据，促进专业教育的不断改进和提升。学校应建立完善的档案管理制度，定期更新学生的学术成果和竞赛荣誉记录。及时更新记录有助于学校和学生全面了解学生的学术研究和竞赛成绩，为学生的学术发展和职业规划提供有效支持。学术成果和竞赛荣誉是学生专业发展档案的重要组成部分，它记录了学生在学术研究和学科竞赛方面取得的成就和荣誉。

（1）学术成果记录：包括学术论文、科研项目、专利申请等学术研究成果。学术论文应包括发表的论文题目、期刊名称、作者顺序、发表时间等信息；科研项目记录应包括项目名称、项目来源、项目负责人、项目经费等信息；专利申请记录应包括专利名称、申请时间、申请号等信息。学术成果记录的完善有助于评估学生的科研能力和学术水平。

（2）竞赛荣誉记录：包括参加各类学科竞赛所取得的荣誉和奖项。记录应包括竞赛名称、获奖等级、获奖时间、获奖证书等信息。竞赛荣誉是学生综合素质的体现，其记录有助于提升学生的竞争力和学术声誉。

（五）就业意向和择业规划

就业意向和择业规划是学生专业发展档案中至关重要的一部分，它记录了学生对未来就业方向的期望和规划，并对实现个人职业发展目标提供指导和支持。

（1）就业意向：学生应在专业发展档案中明确表达自己的就业意向，包括期望从事的行业、职业类型、工作地点、薪资待遇等方面的要求。就业意向的明确有助于学生更好地把握就业方向，有针对性地进行职业规划和就业准备。

（2）择业规划：学生应在专业发展档案中制定个人的择业规划，包括短期和长期的职业发展目标、发展路径、提升计划等内容。择业规划应结合个人的专业特长、兴趣爱好和职业发展需求，合理制定目标和计划，并不断调整和完善，以实现个人职业发展的最大化。

学校应为学生提供相关的就业指导和支持，包括职业咨询、择业指导、求职技巧培训等服务，帮助学生更好地制定择业规划、了解就业市场动态，提高就业竞争力。学校还可以组织各类就业招聘活动、校企合作和实习实践等活动，为学生提供更多就业机会和实践机会。

学校应建立完善的档案管理制度，定期更新学生的就业意向和择业规划记录。及时更新记录有助于学校全面了解学生的就业意向和职业规划，为学生的就业和职业发展提供有效支持。

就业意向和择业规划记录是学生专业发展的重要组成部分，它不仅为学生明确就业方向、规划职业发展提供了重要依据，还为学校开展就业指导和服务提供了重要参考。同时，这些记录还有助于学校和社会了解学生的就业需求和就业市场需求，促进校企合作、就业创业和人才培养的有效对接。因此，学校和学生都应重视并认真维护这些记录，共同推动学生就业和职业发展的顺利进行。

三、高校学生专业发展档案的归档标准与存储要求

专业发展档案的归档标准和存储要求是保障学生档案信息安全、完整和可靠的重要保障措施，也是学校进行档案管理工作的基础要求。以下是关于专业发展档案归档标准与存储要求的详细介绍。

（一）归档标准

（1）统一规范：学校应制定统一的专业发展档案归档标准，明确各类档案的归档内容、格式、命名规范等，确保档案信息的一致性和规范性。

（2）完整记录：专业发展档案应记录学生的学习、实践、成果和评价等信息，确保档案内容的全面性和完整性，为学生的职业发展提供全面支持。

（3）及时更新：学校应建立档案更新机制，定期更新和维护学生的专业发展档案，确保档案信息的及时性和准确性。

（4）保密安全：学校要加强对专业发展档案信息的保密管理，建立健全的信息安全措施和制度，确保档案信息不被泄露或篡改。

（二）存储要求

（1）安全可靠：专业发展档案应存储在安全、可靠的环境中，采取防火、防水、防盗等措施，确保档案信息的安全性和可靠性。

（2）电子化管理：学校可以采用电子化管理方式，将专业发展档案信息存储在电子数据库中，提高档案信息的存取效率和管理水平。

（3）备份与恢复：学校要定期对专业发展档案信息进行备份和存档，确保档案信息不会因系统故障或意外事件而丢失。

（4）权限控制：学校应建立档案信息的权限控制机制，对不同级别的用户设置不同的访问权限，保护档案信息的安全性和隐私性。

四、高校学生专业发展档案的管理及制度建设

专业发展档案的管理需要遵循一系列原则、流程和建立健全的制度，以确保档案的准确性、完整性和安全性，同时促进学生的专业发展和学校的管理效率。

（一）管理原则

（1）信息准确性原则：管理人员应确保专业发展档案中记录的信息真实、准确、可靠，避免错误或虚假信息的录入和传递。只有准确的档案信息才能真实反映学生的专业发展情况，为学生提供有效的支持和指导。

（2）信息完整性原则：管理人员应确保专业发展档案中包含全面的学生信息和专业发展记录，涵盖学习成绩、实践经历、获奖情况、专业技能等方面。完整的档案信息有助于学校全面了解学生的专业发展情况，为学校提供全面的学生管理服务。

（3）信息保密性原则：管理人员应严格遵守保护学生个人隐私的原则，确保专业发展档案信息的安全和保密，确保只有授权人员才能查阅和使用学生的档案信息，避免信息被泄露和滥用。

（4）规范管理原则：学校应建立健全的专业发展档案管理制度和流程，明确管理人员的职责和权限，规范档案管理的各项操作。通过规范的管理，提高档案管理的效率和质量，保障学生档案信息的安全和可靠。

（5）便捷服务原则：学校应提供便捷的档案管理服务，为学生和管理人员提供方便、快捷的档案查询、借阅、存储等服务。学校可以通过建立信息化管理系统和线上服务平台，提高档案管理的便捷性和效率，满足各方面的需求。

（二）管理流程

学校应建立健全的专业发展档案管理流程，包括档案收集、整理、存储、查询、利用等环节，确保档案管理工作有序进行。

（1）责任明确：制定档案管理工作责任清单，明确各相关部门和人员的职责和义务，确保档案管理工作的顺利推进。

（2）监督检查：学校应建立档案管理的监督检查机制，定期对档案管理工作进行检查和评估，发现问题及时整改，确保档案管理工作的规范和有效。

学校应根据自身情况和实际需求制定相应的管理制度和措施，确保专业发展档案信息的安全、完整和可靠。

（三）制度建设

制度建设方面需要全面考虑相关因素，确保制度的科学性、合法性和有效性，为学生的个人发展和学校管理提供良好的制度保障。具体包括以下六个方面。

（1）制度建立的背景和必要性：需要明确为什么需要建立专业发展档案管理制度，包括对学生个人发展和学校管理的重要性，以及当前存在的问题和挑战。

（2）制度建立的目的和原则：需要明确制度的目标，例如促进学生个人发展、提高学校管理效率等，并明确制度建立的基本原则，如准确性、完整性、保密性等。

（3）制度建立的依据：需要明确制度建立的法律法规、政策文件、学校章程等依据，确保制度的合法性和权威性。

（4）制度内容和要求：需要详细规定专业发展档案管理的具体内容和要求，包括信息收集、录入、存储、查询、利用等方面的规定，确保制度的可操作性。

（5）制度执行和监督机制：需要建立健全的制度执行和监督机制，明确责任部门和责任人，建立档案管理的监督和评估体系，确保制度的有效执行和持续改进。

（6）制度宣传和培训：需要开展相关制度的宣传和培训工作，提高管理人员和学生对制度的认识和理解，确保全校师生都能够遵守和执行相关制度。

第四节　高校学生个人成长档案的内容与管理

一、高校学生个人成长档案的定义与意义

（一）定义

个人成长档案是记录学生在校期间个人成长情况的档案，包括学生的思想政治素质、道德品质、学习能力、科研能力、实践能力、文体素质、创新能力等方面的信息。个人成长档案是记录学生综合素质发展的重要载体，对于评价学生的综合素质和发展水平具有重要意义。

（二）意义

（1）全面评价学生素质：个人成长档案记录了学生在不同方面的表现和

成就，可以全面、客观地评估学生的综合素质和发展水平。

（2）指导个性化发展：通过分析个人成长档案，学校可以了解学生的特长、兴趣和潜能，为学生提供个性化的发展指导和支持。

（3）促进个人发展：个人成长档案可以激励学生自我发展，增强学生的自信心和自觉性，促进学生全面发展。

（4）服务学生就业：个人成长档案是学生求职和升学的重要参考资料，可以为学生提供就业和升学的有力支持。

个人成长档案的建立和管理对于学生的综合素质发展和个人发展规划具有重要意义，学校应当重视个人成长档案的建设和管理工作，加强对学生的培养和指导，促进学生成长、成才。

二、高校学生个人成长档案的内容设置

（一）心理健康档案

个人成长档案的内容设置应全面、系统地反映学生在学习、生活、社交等方面的成长情况，其中心理健康档案是个人成长档案中的重要组成部分之一。

1. 心理健康档案的定义与意义

心理健康档案是记录学生心理健康状况和心理辅导情况的重要文件，旨在全面了解学生的心理状态、心理需求，为学校开展心理健康教育和心理辅导工作提供依据和参考，促进学生健康成长。

2. 心理健康档案的内容设置

（1）个人心理评估报告：记录学生心理评估的结果和分析，包括心理测试数据、评估结论以及相关建议和措施。

（2）心理辅导记录：记录学生接受的心理辅导情况，包括辅导时间、内容、方式、效果等信息，反映学生的心理调适过程和成长轨迹。

（3）心理健康问题反映与处理记录：记录学生心理健康问题的反映和处理情况，包括学生自主求助、学校介入干预等信息，为学校提供心理健康管理的参考依据。

（4）心理咨询服务记录：记录学生接受的心理咨询服务情况，包括咨询内容、咨询者、咨询方式等信息，为学校评估心理健康服务的效果提供数据支持。

3.心理健康档案的管理原则

（1）保密原则：严格保护学生的心理健康信息，遵守相关法律法规和伦理准则，确保档案信息的保密性和安全性。

（2）科学性原则：心理健康档案的建立和管理应基于科学的心理学理论和方法。

（3）个性化原则：根据学生的个体差异和实际需求制定个性化的心理健康服务方案，实施针对性的心理辅导和干预措施。

（4）持续跟踪原则：定期对学生的心理健康情况进行跟踪和评估，及时发现和解决学生的心理健康问题，防止问题的进一步恶化。

心理健康档案的建立和管理对于学校促进学生心理健康、提升学生综合素质具有重要意义，学校应加强对心理健康档案的管理和利用，为学生提供更加全面的成长支持和服务。

（二）社会实践与志愿服务记录

社会实践与志愿服务是培养学生综合素质的重要组成部分，也是学生个人成长档案中必不可少的内容之一。这一部分记录了学生在校期间参与的社会实践活动和志愿服务项目，旨在全面展现学生的社会责任感、团队合作能力以及个人成长历程。

社会实践与志愿服务记录包括以下内容：

（1）活动名称、时间与地点：记录参与的社会实践活动或志愿服务项目的名称、时间和地点等基本信息。

（2）活动内容与目的：对参与活动的具体内容和目的进行描述，包括所从事的具体工作、活动的主题和宗旨等。

（3）个人贡献与表现：记录学生在活动中所做出的贡献和表现，包括个人所承担的任务、取得的成绩以及获得的奖励等。

（4）心得体会与收获：学生对参与活动的感受和体会，以及学生对从活动中所得到的收获和启发进行的总结和反思。

（5）社会影响与意义：分析活动对社会的影响和意义，以及其对个人成长的促进作用。

社会实践与志愿服务记录的建立和管理需要学校和社会各方的共同努力，学校可以通过建立完善的档案管理制度和信息化平台，加强对学生社会实践和志愿服务活动的记录和归档工作，为学生个人成长和社会发展提供有力支持。

（三）学习计划与自主学习成果

学习计划与自主学习成果是个人成长档案中的重要内容之一，它记录了学生在学习过程中制订的学习计划、自主学习的成果和反思。

学习计划与自主学习成果记录包括以下内容：

（1）学习目标与计划：记录学生在特定时间段内制订的学习目标和计划，包括学习的内容、时间安排和实施步骤等。

（2）学习方法与策略：描述学生在自主学习过程中采用的学习方法和策略，包括阅读、笔记、讨论、实践等方面的具体做法。

（3）学习成果与反思：记录学生在学习过程中取得的成果和收获，包括掌握的知识、提高的能力、解决问题的经验以及对学习过程进行反思和总结。

（4）学习评价与目标调整：对学习计划的实施情况进行的评价和分析，对学习目标和计划的调整，提出的下一阶段的学习目标和计划。

学习计划与自主学习成果记录不仅有助于学生对学习过程的管理和控制，提高学生学习效率和质量，还有助于学生培养自主学习的能力和习惯，促进学生个人成长和发展。学校可以通过建立学习档案和学习跟踪机制，加强对学生学习计划和成果的记录和管理，为学生提供个性化的学习指导和支持。

（四）社团活动与领导经历

社团活动与领导经历是个人成长档案中的重要组成部分之一，它记录了学生在校园社团组织中参与的活动和担任的职务，反映了学生的社会实践能力、组织管理能力和领导潜力。

社团活动与领导经历记录主要包括以下内容：

（1）参与的社团活动：记录学生在校园社团组织中参与的各类活动，包括文艺、体育、公益等方面的活动。

（2）担任的领导职务：描述学生在社团组织中担任的领导职务，包括社团主席、部门负责人、活动策划等方面的职务，以及其所展现的领导能力和管理水平。

（3）社团活动的影响与收获：分析学生参与社团活动的目的、动机和收获，以及其对个人成长和发展的影响和启示，包括学生在团队合作能力、组织协调能力和社会责任感等方面的提升。

（4）领导经历的反思与总结：对担任领导职务的经历进行反思和总结，分析取得的成绩和经验教训，提出个人成长和发展的规划和建议。

社团活动与领导经历的记录不仅有助于学生积极参与校园文化建设和社会实践活动、拓展个人交际圈和社会资源，还有助于学生培养领导能力和团队合作精神、提高综合素质和竞争力。学校可以通过建立社团档案和领导经历数据库，及时了解学生的社团活动和领导经历，为学生的评优评先和个性化发展提供参考和支持。

（五）个人评价与成长反思

个人评价与成长反思是个人成长档案中的重要内容之一，它是学生对自己成长过程中所取得的成绩、经验和感悟进行自我评价和反思的记录，有助于学生全面了解自己的优势和不足，从而促进个人成长和发展。

个人评价与成长反思记录主要包括以下内容：

（1）个人成长评价：对自己在学业、思想政治、文体活动、社会实践等方面取得的成绩和表现进行客观评价，包括学习成绩、思想品德、实践能力、社会责任感等方面的评价。

（2）成长经历总结：对个人成长过程中所经历的各种事件、挑战和困难进行总结和反思，分析成长过程中所取得的收获和感悟，包括成功的经验和失败的教训。

（3）发展规划设想：根据个人成长评价和成长经历总结，制定个人发展规划和目标设想，明确未来的学习、工作和生活方向，提出实现个人理想和抱负的具体措施和步骤。

（4）自我改进措施：针对个人成长评价中存在的不足和问题，提出自我改进和提升的具体措施和方法，包括学习方法、思维方式、行为习惯等方面的调整和改进。

个人评价与成长反思是学生自我认识和自我完善的重要途径，有助于激发学生的学习动力和发展潜力，提高学生的自我管理和自我调控能力。学校可以通过开展个人成长评价和导师辅导等方式，引导学生进行自我评价和成长反思，促进学生健康成长和全面发展。

三、高校学生个人成长档案的归档标准与存储要求

个人成长档案的归档标准与存储要求是确保档案信息安全、完整和可用的重要保障，它涵盖了个人成长档案的归档标准、存储介质、存储环境和存储管理等方面。

（一）归档标准

学校应根据个人成长档案的内容和特点，制定统一的归档标准，明确各类档案材料的归档要求和标准格式，确保档案信息的一致性和规范性。归档标准应包括档案编号、文件分类、文件命名、文件目录、档案封面等内容，便于档案的分类、检索和管理。

（二）存储要求

（1）存储介质：个人成长档案的存储介质应选择稳定可靠、安全耐用的存储介质，如光盘、硬盘、服务器等，确保档案信息长期保存和稳定存储。同时，应定期对存储介质进行检测和维护，防止存储介质的损坏和数据丢失。

（2）存储环境：个人成长档案的存储环境应选择安全、干燥、通风、防火、防潮的存储场所，避免受到恶劣环境的影响和损害。存储场所应配备安全防护设施和监控设备，确保档案信息的安全和可靠。

（3）存储管理：学校应建立健全的个人成长档案存储管理制度和流程，明确存储责任人及其管理权限，建立档案借阅、归还、调阅、销毁等制度和程序，确保档案信息的安全、完整和可用。

个人成长档案的归档标准与存储要求是个人成长档案管理工作的重要组成部分，学校应加强对个人成长档案存储管理的监督和检查，确保档案信息的安全性和可靠性，为学生个人成长和发展提供有力支撑。

四、高校学生个人成长档案的管理原则

个人成长档案的管理原则是确保个人成长档案有效管理和运用的基础，对于提高档案管理效率和保障档案信息安全具有重要意义。

（一）真实性原则

个人成长档案应当真实、客观、全面地记录学生的各项成长情况和成就，不得夸大或隐瞒事实，保证信息的准确性和可信度。

（二）保密性原则

学校应当建立健全的个人成长档案保密制度，严格控制档案信息的查阅和使用权限，保护学生个人隐私和信息安全。

（三）权利保障原则

学生享有对个人成长档案的知情权、参与权和申诉权，学校应当尊重学生的意愿，保障学生合法权益。

（四）规范管理原则

学校应当建立健全的个人成长档案管理制度和流程，明确各级管理部门和岗位的责任和权限，规范档案管理行为，确保档案管理工作的有序进行。

（五）持续改进原则

学校应当定期对个人成长档案管理制度和流程进行评估和改进，及时解决存在的问题，不断提高档案管理工作的质量和效率。

（六）信息共享原则

学校各相关部门应当建立信息共享机制，加强个人成长档案与其他教务、学工系统的对接，实现信息互通共享，提高信息利用效率。

（七）法律依据原则

个人成长档案管理应当遵循相关法律法规和学校规章制度，严格按照法律规定和政策要求进行管理，确保档案管理工作的合法性和规范性。

在个人成长档案的管理中，各项原则的贯彻落实是保障档案管理工作顺利开展的关键，学校应当结合实际情况，不断完善管理制度，提高档案管理水平，为学生的成长和发展提供良好的支持和保障。

第二章　高校学生档案管理概述

第一节　高校学生档案管理的基本原则与要求

高校学生档案管理作为高等教育管理的重要组成部分，必须遵循一系列基本原则与要求，以保证学生档案管理工作的规范、高效和合法。这些原则与要求是确保学生档案信息的准确性、完整性、保密性和安全性的重要保障，同时也是为了最大程度地满足学校管理、学生服务和社会监督的需要。高校学生档案管理的基本原则与要求主要包括以下七方面的内容。

一、法律依据与规范性

高校学生档案管理必须严格遵守国家相关法律法规、教育部门的政策规定以及学校内部的管理制度。教育法、学生管理条例、档案管理条例等相关法律法规中对学生档案的管理作出了明确规定，学校必须依法行事，确保学生档案管理工作的合法性和规范性。同时，学校还应当建立健全相应的内部管理制度，明确学生档案管理的权限和流程，确保管理工作有序进行。

二、准确性与完整性

学生档案的准确性和完整性是学校档案管理的基本要求。学校需要确保学生档案信息的真实、准确、完整，及时更新和完善学生档案内容。在学生档案的录入、存储和使用过程中，学校应当严格核实数据来源，确保信息的可靠性和准确性。同时，学校还应当建立档案信息的动态管理机制，及时记录学生学业、成绩、奖惩等相关信息的变动，确保学生档案的及时更新和完整保存。

三、保密性与安全性

学生档案涉及大量的个人隐私信息，保密性和安全性是学校档案管理的重要要求。学校需要建立严格的档案管理制度和权限管理机制，严格控制学生档案信息的查阅和使用权限，确保只有授权人员可以获取和使用学生档案信息。同时，学校还应当加强对档案信息的存储和传输的安全管理，采取有效措施防止档案信息被非法获取、篡改或泄露，保障学生档案信息的安全性和完整性。

四、可追溯性与责任追究

学生档案管理应当具有良好的可追溯性和责任追究机制。学校需要建立完善的档案操作记录和审批流程，对档案管理过程中的每一步操作和变动都应当有清晰的记录，以便于追溯和核查。同时，学校还应当明确档案管理的责任主体和责任范围，对于档案管理中的违规行为要及时进行调查和处理，依法追究相关责任人的责任，确保档案管理工作的规范性和有效性。

五、科学性与灵活性

高校学生档案管理应当注重科学性和灵活性。学校需要根据实际情况和管理需求合理设计档案管理制度和流程，充分利用信息技术手段提高档案管理的效率和质量。同时，学校还应当不断优化档案管理模式，引入先进的管理理念和方法，提升档案管理的科学性和管理水平。

六、公开透明与服务导向

高校学生档案管理应当秉持着公开透明、以服务为导向的基本原则，加强与学生和家长的沟通与交流，及时向社会公开学生档案管理相关政策、规定和信息，增强档案管理的透明度和公信力。同时，学校还应当将学生档案管理工作与学生服务紧密结合，为学生提供优质、高效的档案管理服务，促进学生全面发展和个人成长。

七、敬业精神与服务意识

高校学生档案管理人员应当具备敬业精神和服务意识。他们需要充分认识学生档案管理工作的重要性和责任性，保持工作的敬业精神，严守档案管理的纪律和规范，不断提升自身的业务水平和服务能力，为学生提供优质、高效的档案管理服务。

第二节 高校学生档案管理的重要意义

一、高校学生档案管理对高校发展的重要性

高校学生档案管理在高等教育体系中具有不可替代的重要作用。档案管理作为一项基础性的管理工作，直接涉及高校学生的信息记录、个人发展、学业评价和社会信用等多个方面，其重要性主要体现在以下七个方面。

（一）学生信息的全面记录和管理

高校学生档案管理是对学生信息进行全面记录和管理的重要手段。通过档案管理系统，学校能够及时、准确地收集、整理和存储学生的个人信息、学习成绩、奖惩情况、社会实践等重要数据，为学校提供有效的信息支持和数据依据。

（二）学业评价和学生发展的重要依据

学生档案记录了学生的学业成绩、综合素质评价等信息，是对学生学习情况和个人发展进行评价和反馈的重要依据。通过对档案数据的分析和比对，学校可以及时发现学生存在的问题，为学生提供个性化的学习指导和辅导，促进其全面发展和提升。

（三）保障学生个人权益、满足学生发展需求

学生档案管理是保障学生个人权益、满足学生发展需求的重要保障。通过建立健全的档案管理制度，学校能够更好地了解和关注学生的个人情况

和发展需求，为其提供个性化的学习指导和支持，保障其合法权益和全面发展。

（四）学校管理的基础性工作

学生档案管理是学校管理的基础性工作之一，直接关系学校管理秩序的建立和维护。通过建立健全的档案管理制度和流程，学校能够更好地管理学生的行为和学业表现，保持校园的良好秩序和氛围，提升学校的整体形象和声誉。

（五）维护学校管理秩序和声誉

高校学生档案管理也是维护学校管理秩序和声誉的重要手段。通过记录和管理学生的行为和学业表现，学校能够及时发现和解决学生存在的问题，保持学校的良好形象和声誉，提升学校的整体竞争力和影响力。

（六）为社会提供优质人才资源

学生档案不仅是学校管理的工具，还是社会选拔人才的重要依据。通过对学生学业成绩、综合素质等方面的评估，社会可以了解学生的潜力和能力，从而为各行各业提供优质的人才资源，促进社会的发展和进步。

（七）推动社会信用建设与治理

高校学生档案管理也对社会信用体系建设具有重要意义。通过建立完善的档案管理系统，学校可以记录和反映学生的诚信水平和社会责任感，为社会信用建设提供可靠的数据支持和依据，推动社会诚信意识的形成和加强，维护社会的公平正义。

综上所述，高校学生档案管理是学校的管理职责，更是对社会的责任担当。学校只有加强档案管理工作，提升管理水平和效率，才能更好地发挥其在社会中的积极作用，为学生的成长和社会的发展做出更大的贡献。

二、高校学生档案管理对学生发展的影响与支持

（一）学生档案管理与学生个人发展

学生档案管理作为高校管理的重要组成部分，对学生个人发展起着至关重要的作用。以下是档案管理对学生个人发展的重要性和作用。

1. 档案管理是学生个人发展记录的重要组成部分

（1）记录学生学习和成长历程：学生档案记录了学生从入学到毕业的学习过程和成长历程，包括学习成绩、奖惩记录、社会实践、科研成果等信息，为学生的个人发展提供了客观的记录和证明。

（2）提供个性化服务和支持：通过对学生档案的管理和分析，学校可以更好地了解学生的特点、需求和困难，为其提供个性化的教育和服务支持，促进其全面发展和成长。

（3）激励学生积极发展：学生档案中的荣誉记录和成绩证明可以激励学生保持良好的学习态度并为其提供积极的发展动力，助力其不断提高自身素质和能力水平。

2. 档案管理对学生成长的支持

（1）支持学生职业规划和就业发展：学生档案中的学习成绩、实习经历、科研成果等信息可以为学生的职业规划和就业发展提供重要参考，帮助他们选择适合自己发展的职业方向和行业领域。

（2）展示学生学习成果和个人能力：学生档案是学生学习成果和个人能力的重要展示平台，学生档案可以清晰地展示学生的学术成就、科研能力、实践经验等，提升其在学术界和社会中的竞争力和影响力。

（3）促进学生终生学习和发展：学生档案不仅记录了学生在校期间的学习情况，还可以作为学生终生学习和发展的重要参考资料，帮助他们不断学习、成长和进步，实现个人价值和承担社会责任。

对学生档案管理的全面支持和管理可以为学生的个人发展提供有力保障和支持，促进其全面成长和终生发展。

（二）学生档案管理与学业指导

1. 档案管理在学业指导中的作用

学生档案管理在学业指导中扮演着重要的角色，以下是档案管理在这方面的作用。

（1）个性化学业规划：学校可以通过分析学生档案中的学习成绩、兴趣爱好、实践经历等信息，为每个学生制定个性化的学业规划和发展方向，帮助他们更好地规划未来的学习和职业发展路径。

（2）提供精准的学业辅导：通过学生档案的管理，学校可以及时发现学生的学习问题和困难，并为其提供针对性的学业辅导和帮助，提高其学习成绩和学习效率。

（3）监督学业进展和跟踪反馈：学校可以根据学生档案中的学习情况和表现，及时监督学生的学业进展，定期进行学业跟踪和反馈，帮助学生及时调整学习策略，提高学生学习动力和效果。

2. 档案数据对学生学业表现的评估与反馈

（1）评估学生学业表现：学校可以通过学生档案中的学习成绩、考试成绩、课程选择等数据，对学生的学业表现进行全面评估和分析，了解其学习情况和能力水平。

（2）指导学生学习进步：基于学生档案中的数据，学校可以向学生提供针对性的学习建议和改进方案，帮助他们克服学习难题，提高其学习效果和成绩水平。

（3）激发学生学习动力：通过及时对学生学业表现和进步的评估和反馈，学校可以激发学生保持良好的学习态度和积极的学习动力，促进其全面发展和个人成长。

通过学生档案管理对学业指导和学生辅导的支持，学校可以更好地了解和关心每个学生的学习情况和需求，为其提供个性化的学习支持和服务，促进其学业进步和全面发展。

（三）学生档案管理与学术研究和科研支持

1. 学生档案管理在学术研究中的价值和应用

（1）学术资源共享与交流：学生档案管理可以为学术研究提供丰富的数据资源，包括学生论文、科研成果、实习经历等信息，促进学术资源的共享与交流。研究者可以通过档案数据查找相关文献和资料，开展学术研究。

（2）学术成果展示与传承：学生档案中记录了学生的学术成果和科研项目，可以作为学术成果的展示和传承的载体。通过对学生档案的管理和利用，学校可以展示学生的科研成果，鼓励更多学生参与科研活动，促进学术传承和创新发展。

（3）学术研究数据支持：学生档案中的数据可以为学术研究提供依据和支持，研究者可以通过分析学生档案中的信息开展相关研究课题，探索学生发展和教育问题，推动学术研究的深入发展。

2. 档案数据对科研项目管理及其成果评价的贡献

（1）科研项目管理与策划：学校可以通过学生档案管理系统对科研项目的管理和策划进行有效支持。档案数据可以帮助科研团队了解项目成员的学术背景、科研经历和专业能力，从而合理分配任务和资源，提高项目管理的效率和科研成果的质量。

（2）科研成果评价与监督：学校可以利用学生档案中的科研成果和学术表现数据，对科研项目的进展和成果进行评价和监督。通过对科研成果的定量和定性分析，学校可以及时发现问题并实施改进措施，提高科研项目的执行效果和成果产出。

（3）科研团队建设与人才培养：学生档案数据可以为科研团队建设和人才培养提供参考和支持。学校可以通过分析学生档案中的科研表现和成果，评价科研团队的整体水平和科研能力，为科研团队的建设和人才培养提供科学依据和指导意见。

通过对学术研究和科研项目的支持，学生档案管理不仅可以促进学术资源的共享与交流，还可以提高科研项目的管理效率和成果评价的科学性，为学术研究和科研项目的发展做出积极贡献。

（四）学生档案管理与社会实践

1. 学生档案管理对学生社会实践的记录与评估

（1）实践经历的记录与归档：学生档案管理系统可以记录学生的社会实践，包括实践时间、地点、内容、所在单位等信息，为学校对学生实践经历的归档和管理提供支持。这些记录可以帮助学校了解学生的实践历程和成长经历，为学生个性化发展提供参考依据。

（2）实践成果的评估与展示：学生档案中的实践经历和成果可以作为学生综合素质评价的重要依据，反映学生在实践活动中的表现和成就。学校可以通过档案管理系统对学生实践成果进行评估和展示，为学生个人发展和就业竞争提供有力支持。

（3）实践经验的积累与分享：档案管理系统可以促进学生实践经验的积累和分享。学校可以通过档案系统建立实践案例库和经验分享平台，让学生分享自己的实践心得和体会，促进学生之间的交流和合作，提高实践活动的效果和价值。

2. 学生档案管理在学生实践能力培养和社会适应性提升中的作用

（1）实践能力的培养与提升：学生档案管理可以为学生实践能力的培养和提升提供支持。通过记录和评估学生的实践活动和成果，学校可以发现学生的实践能力和不足之处，针对性地开展实践能力培训和指导，提高学生的实践能力和竞争力。

（2）社会适应性的提升：学生档案管理可以帮助学生提升社会适应性。通过记录和展示学生的实践经历和成果，学校可以为学生提供更加全面和深入的个人信息，帮助学生在就业市场上树立良好形象，增强就业竞争力。

（3）社会责任感与公民素养的培养：参与社会实践可以增强学生社会责任感和公民素养。学校可以通过档案管理系统对学生的社会实践活动进行跟踪和评估，引导学生树立正确的社会价值观和行为规范，培养学生积极参与社会实践和公益活动的意识和能力。

通过对学生社会实践和实习经历的记录、评估和支持，学校可以更好地促进学生的实践能力培养、社会适应性提升和社会责任感培养，为学生的综合发展和就业竞争力提供有力支持。

三、高校学生档案管理在社会信用体系建设中的作用

（一）档案管理与社会信用体系的关系

1. 社会信用体系的概念

社会信用体系是指通过记录、评估和监管个人和组织的信用行为，形成信用记录和信用评价体系，促进社会诚信和信用交易的一种制度性安排。它涵盖了个人、企业和机构等各个主体，在经济、社会、政治等各个领域都有

着广泛的应用和影响。

随着社会经济的不断发展和人们信用意识的增强，构建健全的社会信用体系已成为国家治理和社会管理的重要任务之一。社会信用体系的建设旨在规范市场秩序、提高经济效率、增强社会稳定，并促进公民诚信意识和社会文明进步。

2.档案管理是社会信用体系的重要组成部分

（1）档案管理与信用记录：档案管理记录了个人和组织的各类信息和行为，包括学历、资格证书、工作经历、荣誉称号等。这些信息在一定程度上反映了个人和组织的诚信水平和社会责任感，可以作为信用记录的重要依据。

（2）档案管理与信用评价：档案管理系统可以对个人和组织的档案信息进行评估和分析，形成相应的信用评价结果。这些评价结果可以为社会信用体系提供重要的参考，帮助相关部门对个人和组织的信用状况进行准确评估和监管。

（3）档案管理与信用监管：档案管理系统可以通过信息共享和数据交换为相关部门提供实时、准确的信用监管数据。这些数据可以帮助监管部门及时发现和处理信用违约行为，维护社会秩序和公平竞争环境。

（4）档案管理与信用修复：对于信用记录不良的个人和组织，档案管理也可以提供信用修复的支持。通过完善和更新档案信息等方式，逐步恢复个人和组织的信用水平，帮助其重新树立良好的信用形象。

档案管理作为社会信用体系的重要组成部分，不仅记录了个人和组织的信用行为，还为信用评价、监管和修复提供了重要支持。加强档案管理工作有助于提升社会信用体系的建设水平，促进社会诚信和经济发展的良性循环。

（二）学生档案管理对社会信用体系建设的促进作用

1.学生档案数据在信用评价中的应用

（1）学生档案数据的重要性：学生档案中包含了丰富的个人信息和学业表现记录，如学习成绩、奖惩情况、社会实践经历等。这些数据对评价学生的诚信水平和学业能力具有重要意义,是信用评价的重要依据之一。

(2)学生信用评价的内容和方法:基于学生档案数据,可以进行多维度的信用评价,包括学术表现、诚信记录、社会责任感等方面。评价方法可以采用定性和定量相结合的方式,以综合考量学生的各项表现和特点。

(3)学生档案数据在信用评价中的应用:学校和社会机构可以利用学生档案数据对学生的信用状况进行评价和排名。这种评价结果可以为学生提供信用证明,也可以为用人单位和社会机构提供招聘和合作的参考依据。

2.学生行为记录与社会信用评级的关联

(1)学生行为记录的重要性:除了学习成绩,学生的行为记录也是评价学生信用状况的重要指标之一,其包括学生在诚信、社会实践活动、参与公益活动等方面的表现。

(2)学生行为记录与社会信用评级的关联:学生的良好行为记录通常与较高的信用评级相关联,反之亦然。例如,有着良好诚信记录和积极社会参与的学生往往会被认为信用较高,能得到更多的信用支持和资源倾斜。

(3)行为记录的反馈与激励:学校和社会机构可以通过对学生行为记录的反馈和激励,引导学生形成良好的行为习惯和培养社会责任感。例如,设立奖励机制、表彰模范学生,激发更多学生参与社会实践和公益活动,从而提升整体社会信用水平。

学生档案管理对社会信用体系建设的促进作用不仅体现在学生档案数据在信用评价中的应用上,还体现在学生行为记录与社会信用评级的关联上。通过科学、公正地评价和激励学生的诚信行为,可以促进社会信用体系的建设,推动社会诚信发展。

(三)学生档案管理在社会信用治理中的功能与作用

1.档案管理对社会行为规范和诚信建设的支持

(1)档案管理对社会行为规范的支持:档案管理的信息透明度能够促进社会行为的规范。公开、透明的档案数据可以让个人和组织的行为受到更多监督和约束,从而提高社会的整体诚信水平。

(2)档案管理对诚信建设的支持:学生档案中记录的诚信行为和参与的

社会活动可以为社会信用体系的建设提供宝贵资源。这些记录可以作为个人诚信度的证明，为个人在社会中的信用行为提供支撑和保障。

2.档案数据在诚信建设中的应用

（1）档案数据在信用评估中的作用：档案数据是评估个人和组织信用状况的重要依据之一。通过对学生档案数据的分析和评估，学校可以识别出潜在的信用风险，有针对性地进行风险防控和管理。

（2）档案数据在信用风险预警中的应用：基于学生档案数据建立的信用风险预警系统能够及时发现个人信用异常行为和风险趋势。这有助于预防信用风险的发生，保护社会利益和个人权益。

（3）档案数据在信用惩戒和奖励中的运用：根据学生档案数据的评估结果，学校可以对信用良好的个人给予奖励和优惠政策，同时对信用不良的个人实施惩戒措施。这种差异化的信用管理方式有助于促进社会的公平正义和诚信文化的建设。

档案管理在社会信用治理中具有重要的功能和作用，包括对社会行为规范和诚信建设的支持，以及在信用风险防控和管理中的应用。科学、公正地管理和利用档案数据可以有效提升社会的整体信用水平，促进社会的稳定和发展。

第三节　高校学生档案管理的现状与挑战

随着社会信息化进程的不断加速和高等教育规模的不断扩大，高校学生档案管理面临着诸多新的现实问题和挑战。了解当前的学生档案管理现状以及面临的挑战，对于制定有效的管理策略和措施具有重要意义。

一、现状分析

在中国，高校学生档案管理已经取得了一定的成就，档案管理制度日趋完善，信息化技术应用不断推进，管理水平和服务质量不断提高。许多高校建立了较为完善的学生档案管理体系，建立了相应的管理制度和流程，加强了对学生档案信息的管理和利用。一方面，学校档案馆、学籍管理部门等机构建立了学生档案信息的收集、整理、存储、利用等工作体系，形成了较为完善的档案管理体系。另一方面，随着信息技术的不断发展，学校逐渐建立了电子档案管理系统，实现了学生档案信息的电子化管理，提高了档案管理的效率和质量。此外，学校档案管理工作也得到了相应的政策和法规的支持和保障，教育主管部门对于学生档案管理工作的重要性也日益重视，加强了对学生档案管理工作的指导和监督。这些都为学生档案管理工作的规范化和标准化提供了有力的保障。然而，随着管理水平和服务质量的日益提高，高校学生档案管理工作中存在的问题也在逐渐显现出来，具体表现在以下六个方面。

（一）档案信息化建设不平衡

信息化技术在各个领域得到广泛应用，目前，虽然许多高校已经建立了电子档案管理系统，但是由于各高校之间的差异较大，其信息化建设水平不平衡。一些学校的电子档案管理系统功能较为简单，存在着信息化水平不高、管理不规范等问题，不能满足学校对于学生档案管理工作的需求。甚至在一些高校中，学生档案管理存在信息化程度不高的问题，许多学校仍然采用传统的手工档案管理方式，档案信息存储在纸质档案中，管理效率低下，易发生信息丢失和错误等问题。

（二）档案数据规范性和准确性有待提升

学生档案管理涉及大量的数据信息，数据质量的问题一直是学校档案管理工作的难点和痛点。在数据采集、录入、整理等环节，由于人为因素或系统问题，可能出现数据错误、遗漏等情况，影响了档案信息的准确性和完整性。由于学生档案信息量大、涉及内容广泛，且档案管理工作涉及多个部门和人员，档案数据的规范性和准确性是当前学生档案管理中的一大难题。一些学校存在档案信息不规范、录入错误等问题，影响了学生档案管理工作的有效开展。

（三）档案管理制度和流程不够完善

高校学生档案管理模式较为传统，缺乏创新性和灵活性。档案管理制度、流程和技术应用等方面存在着相对滞后的现象，不能很好地适应信息化和数字化发展的需求，制约了档案管理工作的提升和创新。在一些高校中，档案管理制度和流程不够完善也是当前学生档案管理面临的一个现实问题，一些学校缺乏科学的档案管理制度和流程，档案管理工作流程不清晰，责任分工不明确，导致档案管理工作存在漏洞和短板。

（四）档案信息安全隐患较多

学生档案信息安全问题是当前学生档案管理面临的一个严峻问题。一方面，传统的纸质档案管理方式存在信息泄露、损坏和丢失的风险；另一方面，随着信息化技术的发展，电子档案管理系统的安全性也备受关注，黑客攻击、数据泄露等问题时有发生。学生档案管理涉及大量的个人隐私信息，信息安全问题一直是学校档案管理工作的重中之重。虽然学校采取了一系列的安全措施，但是随着网络技术的不断发展和黑客攻击手段的日益复杂，信息安全隐患依然存在，一旦发生信息泄露或被篡改等事件，将会给学生和学校带来严重的损失和不良影响。

（五）人才短缺与培训不足

学生档案管理需要专业人才进行操作和管理，但是目前学生档案管理人才相对短缺，高水平的档案管理人才更是稀缺。此外，学校档案管理人员的培训制度也不够完善，不能满足学校档案管理工作的需求，制约了档案管理工作的进一步发展。

（六）档案管理服务水平有待提高

学生档案管理服务水平直接关系学生的学习、生活质量和学校管理效率。但是在一些高校中，档案管理服务水平有待提高，存在服务态度不够热情、服务内容不够丰富、服务方式不够多样等问题，影响了学生对学校档案管理工作的满意度。

二、面临的挑战

高校学生档案管理工作取得了一定的成就，但也面临着一些挑战，主要表现在以下十个方面。

（一）信息化建设与档案数字化转型挑战

随着信息化技术的发展，学生档案管理面临着数字化转型的挑战。学校需要加大对信息化建设的投入，建设先进的电子档案管理系统，推动档案信息数字化、网络化、智能化，提高档案管理的效率和质量。

（二）档案数据质量管理挑战

档案数据的质量是学生档案管理的核心问题之一。学校需要加强对档案数据的质量管理，建立健全的数据管理制度和流程，加强对档案数据的监测和审核，提高档案数据的准确性和规范性。

（三）信息安全保障挑战

随着信息技术的发展，学生档案信息的安全性面临着日益严峻的挑战。学校需要加强对档案信息的安全保障，建立健全的信息安全管理制度和机制，加强对档案信息的加密、备份、监控等措施，确保学生档案信息的安全和可靠。

（四）服务水平提升挑战

提升学生档案管理的服务水平是当前学生档案管理面临的一项重要挑战。学校需要加强对档案管理服务的规范化和标准化建设，优化服务流程和方式，提升服务质量和效率，为学生提供更加便捷、高效、个性化的档案管理服务。这需要加大对档案管理人员的培养力度，提升他们的服务意识和专业水平，同时还需要加强对学生和家长档案管理服务的宣传和引导，增强他们的参与意识并提高他们的满意度。

（五）校企合作与信息共享挑战

随着高校与企业合作的不断深化，学生档案管理面临着校企合作与信息共享的挑战。学校需要加强与企业的沟通与合作，建立起高效的信息共享机制，充分利用企业的资源和优势，为学生的职业发展和就业服务提供更加全面、个性化的支持。

（六）教学改革与学生档案管理模式创新挑战

教学改革对高校学生档案管理提出了新的要求和挑战。随着教学模式的不断创新和改革，学生档案管理也需要相应地进行模式创新和改革，需要更加注重学生的个性化需求和发展路径，为教学改革提供有力的支持和保障。

（七）社会发展与档案管理制度完善挑战

随着社会发展的不断进步，学生档案管理制度也需要不断完善和更新。学校需要及时调整和优化档案管理制度，适应社会发展的需要，加强对档案管理法律法规的研究和解读，不断提升档案管理工作的科学性和规范性。

（八）人才培养与档案管理人才队伍建设挑战

高校学生档案管理人才队伍建设是当前学生档案管理面临的又一重要挑战。学校需要加大对档案管理人员的培训和引进力度，提升他们的专业水平和服务意识，培养一支高素质、专业化的档案管理人才队伍，为学生档案管理工作的开展提供有力的保障和支持。

（九）技术发展与档案管理工具应用挑战

随着信息技术的不断发展和普及，学生档案管理工具也面临着技术发展与应用的挑战。学校需要加强对新技术的学习和应用，不断更新和完善档案管理工具，提高档案管理的效率和质量，为学生提供更加便捷、高效的档案管理服务。

（十）社会认知与档案管理意识培养挑战

学生档案管理还面临着社会认知与档案管理意识培养的挑战。学校需要加强对学生和社会公众的档案管理意识培养，提升他们对档案管理工作的认知和理解，增强他们的档案管理意识和参与度，从而共同促进学生档案管理工作的规范化、科学化和便捷化发展。

综上所述，高校学生档案管理面临着诸多新的现实挑战和问题，需要学校和相关部门共同努力，加强档案管理制度建设、技术应用创新、人才队伍建设等方面的工作，不断提升档案管理的科学性、规范性和服务水平，为学校教育教学事业的发展做出积极贡献。

第三章　高校学生档案管理制度建设

高校学生档案管理制度与流程设计是学校管理的重要组成部分，其设计的科学性和完善性直接影响学生档案管理工作的有效性和可持续性发展。这一设计涉及多个方面，包括规章制度的建立、操作流程的规范、信息安全措施的实施等，其目的在于确保学生档案的准确记录、安全保存、合理利用，以支持学校的教学、科研和管理工作。高校学生档案管理制度与流程设计是学校档案管理工作的基础和保障，其科学性和完善性直接关系学生档案管理工作的顺利开展。因此，学校必须高度重视制度与流程的设计工作，不断完善和优化管理机制，为学校的教学、科研和管理工作提供有力的支撑。

第一节　高校学生档案管理制度的建立

一、制度建立的背景和必要性

（一）背景

随着高校学生规模的不断扩大和信息化进程的加速推进，学生档案管理面临着前所未有的挑战和机遇。传统的纸质档案管理方式已经不能满足大规模学生档案管理的需求，电子档案管理系统的建立成为当务之急。然而，随之而来的是管理制度的不完善和流程的混乱，给学生档案管理工作带来了一系列问题。

（二）必要性

（1）规范管理：制度的建立有助于规范学生档案管理工作流程，明确各个环节的责任和权限，防止管理混乱和失控现象的发生。

（2）提高效率：建立科学、合理的制度可以优化档案管理流程，提高工作效率，节约人力、物力资源，提升档案管理工作的效益和质量。

（3）保障信息安全：制度的建立可以加强对学生档案信息的保密和安全控制，有效防范信息泄露和丢失等安全风险，确保档案信息的完整和可靠。

（4）提升服务水平：建立健全的档案管理制度可以为学生提供更加便捷、高效、个性化的档案管理服务，提升学生满意度和校园服务水平。

二、制度建立的目的和原则

在高校学生档案管理中，制度建立的目的是规范学生档案管理工作，提高管理效率和服务质量，保障档案信息的安全和可靠。而制定和实施管理制度需要遵循一定的原则，以确保制度的科学性、合理性和有效性。

（一）目的

（1）提高管理效率：制度的建立旨在提高学生档案管理的效率，通过明确的管理流程和规范的操作程序，实现档案信息的快速录入、存储、检索和利用，从而节省时间和人力成本，提高管理效率。

（2）保障信息安全：学生档案中包含大量的个人隐私信息，制度的建立旨在加强对档案信息的保密和安全管理，防止信息泄露、丢失或被篡改，确保档案信息的完整和可靠。

（3）提升服务质量：制度的建立旨在规范学生档案管理服务流程，优化服务方式，提升服务质量和满意度，满足学生和相关部门的需求，实现服务的个性化和精细化。

（4）强化管理监督：制度的建立有助于加强对档案管理工作的监督和检查，建立健全的内部监督机制和外部评估体系，及时发现和纠正管理中的问题，保障管理工作的规范性和合法性。

（二）原则

（1）法律依据与规范性：制度的建立应当遵循相关法律法规和政策规定，确保制度的合法性和规范性，不违反国家法律法规和学校管理制度。

（2）以服务学生为中心：制度的建立应当以服务学生为宗旨，以满足学生的需求和利益为出发点和落脚点，真正做到服务学生的方方面面。

（3）信息安全与保密性：制度的建立应当重视档案信息的安全和保密性，加强对档案信息的加密、备份和权限控制，防止信息被泄露和被非法获取。

（4）科学性与灵活性：制度的建立应当科学、合理，灵活适应学校管理的实际需要和发展变化，具有一定的可操作性和适应性，不僵化和刻板。

（5）公开透明与监督可及：制度的建立应当注重公开透明，确保制度的公开性和透明度，接受学校内外部的监督和评估，保证管理工作的公正和公平。

（6）持续改进与优化：制度的建立不是一劳永逸的，需要不断进行评估和改进，及时调整和完善管理制度，适应学校管理工作的发展需求和变化，保持制度的活力和适应性。

制度的建立必须严格遵守上述原则，确保制度的科学性、合理性和有效性，为学生档案管理工作提供坚实的基础和保障。

三、制度建立的依据

制度建立的依据是指制度制定和实施所依据的法律法规、政策文件、学校章程等规范性文件，以及学校管理实践和需求等。下面将详细介绍高校学生档案管理制度建立的依据。

（一）法律法规和政策文件

学生档案管理工作是在国家法律法规和政策文件的指导下开展的，包括《中华人民共和国教育法》《中华人民共和国个人信息保护法》等相关法律法规，以及教育部颁布的《高等学校档案管理办法》等政策文件。这些法律法规和政策文件规定了学生档案管理的基本原则、管理要求和程序流程，为学生档案管理制度的建立提供了法律依据和政策支持。

（二）学校章程和规章制度

学校章程和规章制度是学校内部管理的重要依据，学生档案管理制度应当符合学校章程和规章制度的规定。学校章程对学校的组织结构、管理体制、职责权限等方面进行了明确规定，为学生档案管理组织架构和管理层级的设计提供了依据。同时，学校规章制度对学生档案管理的具体操作和管理要求进行了细化，为学生档案管理制度的具体实施提供了指导和保障。

（三）教育管理实践和需求

学生档案管理制度的建立还应当结合学校的教育管理实践和需求，充分考虑学校的管理特点和实际情况，符合学校管理工作的实际需求。通过对学校档案管理工作实际情况的调研和分析可以了解学校管理存在的问题和不足，确定制度建立的重点和内容，从而确保制度的科学性和实用性。

（四）学术研究成果

制度的建立还可以借鉴其他学校或相关领域的管理经验和做法，参考学术研究成果和案例，吸收国内外先进的管理理念和方法，为学生档案管理制度的建立提供借鉴和参考，不断提升制度的科学性和先进性。

（五）学校发展规划和战略目标

学生档案管理制度的建立应当符合学校的发展规划和战略目标，与学校的整体发展方向和目标相一致。制度建立应当与学校的教学、科研、学科建设等各项工作相衔接，为学校提供有效的管理支持和服务保障，促进学校的全面发展和提高。

（六）社会环境和舆论压力

制度建立还应当考虑社会环境和舆论压力的影响，充分考虑社会各界的期望和要求，保障学生档案管理工作的公开、公正、透明，增强社会的信任和支持。

综上所述，高校学生档案管理制度的建立应当在遵守法律法规和政策文件、学校章程和规章制度，考虑教育管理实践和需求、学术研究成果借鉴、学校发展规划和战略目标、社会环境和舆论压力等的基础上进行，确保制度的合法性、科学性和实效性，为学生档案管理工作提供有力的制度保障和支持。

四、制度内容和要求

（一）档案收集与整理

学生档案的收集与整理是学校档案管理工作的基础环节，直接关系学生档案信息的准确性和完整性，其具体内容和要求应该包括以下五个方面：

1. 档案收集范围和内容

制度应明确规定学生档案的收集范围和内容，包括个人基本信息、入学录取信息、学籍注册信息、学习成绩信息、奖惩情况、学术科研成果、校园活动参与情况等。要根据学校实际情况确定档案收集的具体内容和标准，确保档案信息的全面性和准确性。

2. 档案收集流程和责任人

制度应规定档案收集的具体流程和责任人，明确各个环节的操作要求和责任分工。包括信息来源的确定、数据采集的方式、录入系统的流程等，确保档案信息的及时采集和录入。

3. 档案整理规范和标准

制度应规范档案整理的具体步骤和标准，包括档案信息的分类整理、归档存储、文档编目等。档案整理工作还要符合相关的规范和标准，保障档案信息的有序管理和便捷检索。

4. 档案信息更新和维护

制度应规定档案信息的更新和维护要求，包括信息变更的处理、档案信息的补充完善、异常情况的处理等。档案信息要及时进行更新和维护，保持档案信息的准确和完整。

5. 档案质量抽查和评估机制

制度应建立档案质量抽查和评估机制，定期对档案信息进行抽查和评估，发现问题及时整改，确保档案信息的质量和可靠性。同时，要建立档案质量评估的指标体系和评估标准，定期发布评估结果，推动档案管理工作的持续改进和提升。

（二）档案存储与保管

档案存储与保管是高校学生档案管理中至关重要的环节，直接关系档案信息的安全性、完整性和可靠性。良好的档案存储与保管制度能够有效地保护学生档案信息，确保其不受损坏、不被丢失或泄露。制定档案存储与保管制度需要考虑档案存储的场所、设施条件、管理流程以及安全措施等方面的要求，以保障学生档案信息的安全性和可用性。

1. 存储场所与设施

（1）存储场所选择：高校学生档案的存储场所应当选择在安全、干燥、通风良好的地方，远离火灾、水患等危险源。一般而言，学校档案馆、档案室或专门的档案存储仓库都是较为合适的选择。此外，可以考虑采用远离交通要道、安全隐患较小的地下室或地库作为档案存储场所，以增加档案信息的安全性。

（2）设施条件要求：档案存储场所应具备相应的设施条件，包括恒温、恒湿、防火、防水等。要求档案存储室内温度控制在15℃~25℃，相对湿度控制在40%~60%，以防止档案纸张发生老化、腐朽或霉变。此外，应设置防火、防水、防盗等安全设施，确保档案信息不被外界环境影响和破坏。

2. 管理流程与措施

（1）档案存放与编目：制定档案存储管理制度，规定档案存放和编目的具体流程和要求。档案应按照一定的分类和顺序进行存放，同时建立档案编目系统，对每份档案进行编号和登记，以便于查询和管理。

（2）档案保管责任：明确档案保管的责任人和责任范围，建立健全的档案保管责任制度。由专人负责档案的保管、查阅、借阅等工作，确保档案信息的安全、可控。

（3）档案巡查与审计：建立档案巡查和审计制度，定期对档案及其存储场所进行巡查和审计，发现问题及时整改。通过定期的档案巡查和审计，确保档案存储场所的安全和档案信息的完整。

3. 安全措施与风险防范

（1）防火防水措施：加强档案存储场所的防火防水措施，包括设置火灾报警器、消防设备，定期进行防火检查和维护，以及采取防水措施等。确保档案信息不受火灾、水患等灾害的影响。

（2）安全监控与报警：建立档案存储场所的安全监控系统，实施24小时监控和录像，及时发现和报警处理异常情况。安装门禁系统和监控摄像头，加强对档案存储场所的安全管理和监控。

（3）保密措施与权限管理：加强档案信息的保密措施，建立权限管理制度，严格控制档案信息的访问权限。只有经过授权的人员才能查阅和借阅档案信息，确保档案信息的安全和保密。

4.应急预案与备份措施

（1）应急预案制定：制定档案存储场所的应急预案，明确各类突发情况的处理程序和应急措施。建立应急指挥中心和救援小组，定期进行应急演练和培训，提高应对突发情况的能力和水平。

（2）档案信息备份：建立档案信息的备份制度，定期对档案信息进行备份和存储。备份数据应存放在安全、可靠的地方，以防止档案信息丢失或被损坏，保障档案信息的安全和可靠。

档案存储与保管是学生档案管理工作中至关重要的环节，需要建立完善的存储管理制度和安全措施，确保学生档案信息的安全、完整和可靠。合理的存储与保管措施可以有效地保护学生档案信息，为学校的教育教学工作提供有力支持。

（三）档案利用与查询

档案利用与查询是学生档案管理中的重要环节，旨在为学校教育教学、学生管理、科研与学术交流等提供必要的档案信息支持。良好的档案利用与查询制度能够促进信息共享、提高工作效率、增强服务质量。

1.利用方式与范围

（1）教育教学支持：学生档案信息可为教育教学提供重要支持，包括学生评优奖励、奖学金评定、学术竞赛与科研项目评审等。学校可以根据学生档案信息评定学生成绩、奖学金等，并为学生提供学业指导、职业规划等服务。

（2）学生管理服务：学生档案信息是学校学生管理工作的重要依据，可用于学籍管理、学生档案审批、毕业与就业管理等方面。学校可通过查询学生档案信息了解学生学业情况、学籍变动等情况，为学生提供个性化的管理和服务。

（3）学术交流与科研支持：学校可以通过档案查询系统提供学术交流与科研支持服务，如查询学生论文、科研成果、学术活动等信息。这有助于促进学术交流与合作，提升学校的科研水平和学术声誉。

2. 查询流程与权限

（1）查询方式：学校可以建立多种查询方式，包括线上查询系统、书面申请、现场查询等。学生、教职工和相关部门可以根据需要选择合适的查询方式进行查询。

（2）查询权限管理：为保护学生档案信息，学校应建立严格的查询权限管理制度。只有经过授权的人员才能查询学生档案信息，且查询权限应根据人员身份和职责进行区分，确保信息的安全、可控。

（3）查询流程规范：学校应规范查询流程，明确查询申请的途径、材料和审批程序。建立查询申请表格和审批流程，加强对查询申请的审核和监控，确保查询行为的合法性和规范性。

3. 查询服务与反馈

（1）查询服务平台：学校可以建立专门的查询服务平台，提供查询指南、查询系统链接、常见问题解答等服务并通过在线咨询、电话查询等方式为用户提供便捷的查询服务。

（2）查询结果反馈：学校应及时反馈查询结果，确保用户能够及时获取需要的档案信息，同时建立投诉与建议渠道，接受用户的反馈意见，及时改进查询服务，提升用户满意度。

4. 数据保护与隐私保密

（1）数据安全保护：学校应加强对学生档案信息的数据安全保护，采取技术和管理措施确保数据的安全和可靠。建立档案信息加密、备份、权限控制等安全机制，防止信息被泄露和损坏。

（2）隐私保密保护：学校应严格遵守相关法律法规，保护学生个人隐私信息的保密、安全。严格限制查询权限，建立个人信息保护制度，对违规查询行为进行严厉处罚，维护学生档案信息的安全。

5. 敬业服务与持续改进

（1）敬业服务态度：学校档案管理人员应秉持敬业精神，提供专业、高效的查询服务，及时回应用户查询需求，耐心解答用户疑问，为用户提供满意的查询体验。

（2）持续改进与优化：学校应建立健全的档案查询服务评估机制，定期开展用户满意度调查和评估工作，收集用户意见和建议，不断优化查询服务流程和方式，提升查询服务质量和效率。

对档案利用与查询的规范化管理和优化服务可以更好地满足用户的查询需求，提高档案管理工作的效率和服务水平，为学校教育教学事业的发展提供有力支持。

（四）档案传递与流转

档案传递与流转是学生档案管理过程中至关重要的环节，涉及档案信息的传递、交接、审批等多个方面。良好的传递与流转机制能够确保档案信息传递和流转的安全、准确和及时，保障学生档案管理工作的顺利进行。

1. 传递方式与渠道

（1）书面传递：学校可以采用书面传递方式进行档案信息的传递。这种方式操作简便，适用于一些简单的档案传递情形，但同时也存在信息安全性较差、传递效率低下等问题。

（2）电子传递：随着信息化技术的发展，电子传递已成为档案传递的主要方式之一。学校可以通过电子邮件、电子文档、网络传输等方式，快速、准确地传递档案信息。这种方式操作便捷、效率高，但需要保障传递过程中的信息安全。

2. 传递流程与环节

（1）传递流程设计：学校应建立完善的档案传递流程，明确传递的发起、审批、传递、接收等各个环节，并规定相应的操作程序和责任人。传递流程应简洁明了、规范有序，确保档案信息的准确传递和及时处理。

（2）传递环节管理：在传递过程中，学校应加强对传递环节的管理和监控，防止信息丢失、被泄露或篡改。建立传递记录和传递日志，追踪传递过程中的每一步操作，及时发现和解决问题，保障档案信息的安全和完整。

3. 传递安全与保密

（1）信息加密：学校可以采用信息加密技术对传递的档案信息进行加密处理，确保信息在传递过程中的安全。建立传递安全机制，防止信息被非法获取或篡改。

（2）传递权限控制：学校应建立传递权限控制机制，严格限制传递人员的权限范围，确保只有经过授权的人员才能进行档案信息的传递。严格执行权限控制，防止信息被泄露和滥用。

4. 传递效率与监督

（1）传递效率提升：学校可以通过优化传递流程、实施采取高效的传递方式和工具等措施，提升档案传递的效率。建立传递工作小组，制定工作计划和目标，加强传递环节的协调和配合，确保传递工作顺利进行。

（2）传递监督与评估：学校应建立传递监督和评估机制，定期对传递工作进行评估和检查。检查传递流程的执行情况、传递效率和传递质量，及时发现问题和不足，采取相应措施加以解决和完善。

5. 传递记录与归档

（1）传递记录：学校应建立传递记录制度，对每一次传递进行记录。记录传递的时间、传递人员、传递内容等相关信息，建立传递档案，以便于日后查阅和追溯。

（2）传递归档：传递完成后，学校应将传递记录归档存储，确保传递信息的完整性和可追溯性。建立档案传递档案，便于日后查询和管理。

通过以上对档案传递与流转的规范化管理，学校可以有效确保档案信息的安全传递和准确处理，提高档案管理工作的效率和质量。

（五）档案安全与保密

档案安全与保密是学生档案管理工作中至关重要的环节，涉及学生个人隐私信息的保护和安全管理。学校应建立健全的档案安全与保密制度，加强对档案信息的保护和管理，确保学生档案信息的安全性、完整性和机密性。

1. 安全管理机制建立

（1）安全管理制度：学校应建立健全档案安全管理制度，明确安全管理的责任部门、责任人员和具体操作流程。制定档案安全管理规章制度，规范档案信息的收集、存储、传递、利用等各个环节，确保档案信息的安全性和完整性。

（2）安全管理流程：建立档案安全管理流程，明确档案信息的操作流程和各个环节的安全措施。制定安全管理操作规程，规范档案信息的处理方式和安全防护措施，确保档案信息不被损坏、丢失或泄露。

2. 安全防护措施实施

（1）物理安全防护措施：学校应加强对档案室、档案库房等物理空间的安全管理，采取门禁系统、监控摄像等措施，防止未经授权的人员进入和窃取档案信息。定期对档案室进行安全检查和维护，确保物理环境的安全性。

（2）技术安全防护措施：采用先进的信息技术手段，加强对电子档案信息的安全管理。建立档案信息安全系统，采用加密技术、防火墙、入侵检测系统等技术手段，保障档案信息在存储、传递和利用过程中的安全性。

3. 保密管理机制建立

（1）保密管理制度：建立档案保密管理制度，规范档案信息的保密范围和保密标准，明确保密责任部门和保密责任人员。制定保密管理规定，规范档案信息的访问、复制和传递权限，加强对档案信息的保密管理。

（2）保密培训与教育：开展档案保密培训与教育，加强对档案管理人员和相关人员的保密意识培养。组织保密知识培训和技能培训，提高档案管理人员的保密意识和保密技能，确保他们严格执行保密规定，做好档案信息的保密工作。

4. 保密审查与监督

（1）保密审查机制：建立档案保密审查机制，对涉密档案信息进行审查和评估。加强对档案信息的保密审查，确保档案信息符合保密标准和相关法律法规的规定，防止信息被泄露。

（2）保密监督与检查：加强对档案保密工作的监督和检查，定期开展保密检查和抽查，检查档案信息的保密情况和保密管理制度的执行情况。对发现的保密问题和隐患及时进行整改和处理，确保档案信息的安全和保密。

通过实施以上档案安全与保密管理措施，学校可以有效保护学生档案信息的安全和机密，确保档案信息不被损坏、丢失或泄露，为学生档案管理工作提供有力保障。

第二节 高校学生档案管理流程的建立

一、流程建立的基础和背景

学生档案管理流程的建立是为了规范和优化学生档案管理工作，提高管理效率和信息安全性。在建立学生档案管理流程之前，相关人员需要充分了解其基础和背景，以确保流程设计符合实际需求和管理目标。

（一）流程建立的基础

学生档案管理是高校学校管理的重要组成部分，直接关系学生的学籍管理、教学质量监控、学生评优奖励等工作。因此，建立科学、合理的学生档案管理流程具有重要意义。其基础主要包括以下三个方面。

（1）法律法规要求：学生档案管理工作受到国家法律法规的严格监管和规范，如《中华人民共和国教育法》等，这些法律法规为学生档案管理流程的建立提供了法律依据。

（2）信息化发展：随着信息化技术的发展，学校档案管理逐渐实现了电子化、网络化，电子档案管理系统的建立为学生档案管理流程提供了技术支持和便利条件。

（3）学校管理需求：高校对学生档案管理工作提出了更高的要求，希望通过优化管理流程提高工作效率、保障信息安全，并且更好地支持学校的教学和科研工作。

（二）流程建立的背景

学生档案管理流程建立的背景主要包括以下四个方面。

（1）信息化需求：随着信息化技术的发展，学生档案管理逐渐向电子化、智能化方向发展，学校需要建立相应的管理流程来适应信息化管理的需要。

（2）管理优化：传统的学生档案管理流程可能存在效率低、信息不畅、安全性差等问题，需要通过优化管理流程来提高管理水平和工作效率。

（3）风险防范：学生档案涉及大量的个人隐私信息，管理不善容易导致信息被泄露、丢失等风险，建立科学、合理的管理流程可以有效防范各类风险。

（4）服务需求：学生档案管理工作直接关系学生的学籍、奖励、就业等权益，建立规范的管理流程有助于提高管理服务质量，满足学生和学校管理的需求。

建立学生档案管理流程的基础和背景包含多方面因素，其中既有法律法规的要求，又涉及信息化发展、学校管理需求等因素。通过充分了解和分析其基础和背景，相关人员可以更好地制定出科学、合理的管理流程，提高学生档案管理工作的质量和效率。

二、流程建立的原则和要求

（一）原则

学生档案管理流程的建立必须遵循一定的原则，以确保流程的科学性、合法性和有效性。以下是流程建立的主要原则：

1. 科学性原则

学生档案管理流程应当科学、合理，符合管理学原理和档案管理规范。流程设计应充分考虑学生档案管理的特点和需求，结合实际情况合理安排各项操作流程，确保档案管理工作的高效运转。

2. 法律合规原则

学生档案管理流程必须符合国家相关法律法规和学校内部管理规定，确保档案管理的合法性和规范性。流程设计应当严格遵循相关法律规定，保护学生档案信息的安全和保密，防止违法违规行为的发生。

3. 统一标准原则

学生档案管理流程应当统一标准，保持一致性和稳定性。无论是学生档案的收集、整理、存储还是利用，都应采取统一的操作标准和流程，避免出现混乱和错误，确保档案管理工作的规范性和准确性。

4. 透明公开原则

学生档案管理流程应当透明公开，确保流程的公正性和公开性。流程设计应当明确各项操作环节和责任人员，保证流程的透明度和可追溯性，同时充分尊重学生的知情权和参与权，确保学生和家长可以对档案管理工作进行监督和评价。

5. 灵活高效原则

学生档案管理流程应当灵活、高效，能够适应不同情况下的需求变化。流程设计应充分考虑学校管理的灵活性和多样性，结合实际情况设置必要的灵活处理机制，提高档案管理工作的反应速度和处理效率。

6. 安全保密原则

学生档案管理流程必须严格遵守信息安全和保密原则，保护学生档案信息的安全和隐私。流程设计应采取必要的信息安全措施，加强对档案信息的加密、备份、访问权限控制等管理，防止档案信息的被泄露和滥用。

（二）要求

学生档案管理流程的建立需要满足一系列要求，以保障流程的科学性、合理性和有效性。以下是流程建立的主要要求。

1. 需求分析与设计

在建立学生档案管理流程之前，相关工作人员必须进行充分的需求分析，深入了解学校和各部门对于档案管理的具体需求和期望，明确管理目标和任务，从而基于需求分析的结果设计合理的流程架构和操作流程，确保流程的贴合度和实用性。

2. 制度规范与规章制度

学生档案管理流程必须建立健全的制度规范和规章制度，明确各项操作规则和标准。制定相应的档案管理制度和规章，规范各项管理行为和操作流程，为档案管理工作提供明确的依据和指导，确保流程的规范性和可操作性。

3. 职责与分工

学生档案管理流程要求明确各级部门和责任人员的职责和分工，确保各项操作环节的顺畅进行。明确责任人员的具体职责和权限，建立起科学的管理层级和工作流程，避免工作责任的模糊和冲突，提高管理效率和工作质量。

4. 操作流程与信息交互

学生档案管理流程要求建立清晰的操作流程和信息交互机制，确保档案信息的顺畅流转和共享利用。设计各项操作流程，明确操作步骤和环节，规范信息的录入、存储、传递和查询等操作，保障档案信息的准确性和完整性。

5. 技术支持与系统应用

学生档案管理流程需要借助先进的信息技术和管理系统进行支持和应用，以提高管理效率和服务质量。引入先进的档案管理系统，实现学生档案信息的电子化管理，优化信息处理流程，提高数据处理的速度和准确性，为档案管理工作提供有效的技术支持和保障。

6. 监督检查与持续改进

学生档案管理流程要求建立有效的监督检查机制和持续改进机制，保障流程的持续优化和提升。建立定期的流程评估和审查机制，及时发现和解决流程中存在的问题，不断完善流程设计，提高档案管理工作的效率和质量。

三、流程设计的步骤和方法

流程设计是确保学生档案管理工作顺利进行的关键环节，它需要按照一定的步骤和方法进行，以保证流程的科学性、合理性和有效性。流程设计通常包括以下三个步骤。

1. 档案管理工作流程图设计

流程图是流程设计的重要工具，它能够清晰地展现出档案管理工作的各项操作流程和环节。在设计档案管理工作流程图时，一般需要遵循以下五个步骤。

（1）确定流程范围：首先需要明确档案管理工作的整体范围，确定流程范围有助于明确流程图的主要内容和方向，主要包括档案的收集、整理、存储、查询、利用、传递等各个环节。

（2）绘制流程图：根据确定的流程范围绘制档案管理工作的流程图。流程图一般采用流程图软件进行绘制，清晰地展现出各个操作环节的先后顺序、输入输出关系、决策点等信息。

（3）标注流程节点：绘制流程图需要标注各个流程节点的名称和操作内容，确保每个操作环节都被清晰地表达出来。流程节点的标注应当简洁明了，避免过多的文字描述，以免造成混淆。

（4）设置流程连接：流程图中的各个节点之间需要通过连接线进行连接，表示操作的先后顺序和逻辑关系。连接线的设置需要考虑流程的流转方向和条件判断，确保流程图的完整性和逻辑性。

（5）审查和修改：完成流程图绘制之后需要进行审查和修改，确保流程图的准确性和合理性。可以邀请相关部门和人员参与审查，提出意见和建议，对流程图进行进一步的完善和优化。

2. 档案管理工作流程细节分析

流程设计不仅需要绘制整体的流程图，还需要对流程中的每个环节进行细节分析，明确每个操作步骤的具体内容和执行要求。在进行流程细节分析时，一般需要注意以下四个方面。

（1）操作规程和标准：对每个操作环节的操作规程和标准进行明确，确保操作的准确性和规范性。操作规程包括操作方法、操作要求、操作顺序等内容，操作标准包括操作的标准化要求、操作的标准化流程等内容。

（2）信息输入和输出：分析每个操作环节信息的输入和输出，明确信息的来源和去向。确保输入的信息准确完整，输出的信息清晰明了，避免信息被遗漏或出现错误。

（3）条件判断和决策：对于需要进行条件判断和决策的操作环节，明确判断条件和决策依据，确保决策的科学性和合理性。设计合理的条件判断流程，避免主观判断和随意决策。

（4）异常处理和应急措施：对于可能出现的异常情况和突发事件，设计相应的异常处理流程和应急措施，确保流程的顺利进行。制定应急预案，明确责任人和应急措施，提高处理异常情况的能力和效率。

第三节 高校学生档案管理制度与流程的评估与优化

在高校学生档案管理制度与流程建设完成后，对其进行评估与优化至关重要。这一过程能够及时发现问题、改进不足，提高档案管理工作的效率和质量。本节将重点介绍制度与流程的实施效果评估，并提出相应的优化建议。

一、档案管理制度与流程的评估与改进

（一）制度与流程的实施效果评估

1. 数据准确性评估

首先需要对档案管理系统中数据的准确性进行评估。这包括学生个人信息、学籍信息、课程成绩等数据的准确性。可以通过与实际档案核对、系统数据比对等方式进行评估，以发现数据不一致或错误的情况。

2. 流程执行情况评估

对档案管理流程执行情况的评估包括档案收集、整理、存储、利用等各个环节执行情况的评估。可以通过对流程执行情况的跟踪监控、工作记录审查等方式进行评估，以发现流程执行中存在的问题和不足。

3. 安全性评估

对档案管理系统的安全性进行评估也是必不可少的，这包括数据安全、系统权限控制、安全备份等方面。可以通过安全漏洞扫描、权限访问测试、

安全事件响应等方式进行评估，以确保档案信息的安全、可靠。

4.用户满意度评估

对用户对档案管理制度与流程的满意度进行评估，这包括学生、教师、管理人员等各类用户对档案管理工作的满意度评价。可以通过问卷调查、用户反馈、投诉处理等方式进行评估，了解用户对档案管理工作的期望和需求，为制度与流程的优化提供参考。

（二）针对评估结果的优化方案

1.数据准确性提升方案

针对数据准确性评估中发现的问题，可以采取一系列措施提升数据准确性。比如加强数据录入人员的培训、完善数据校验机制、优化数据同步与更新流程等，从源头上提高数据的准确性。

2.流程优化与改进方案

针对流程执行情况评估中发现的问题，可以对档案管理流程进行优化与改进。比如简化烦琐的流程环节、优化流程节点的设置、明确各个环节的责任人和操作规程、提高流程的执行效率和质量。

3.安全性加强方案

针对安全性评估中发现的问题，可以加强档案管理系统的安全保障措施。比如加强系统权限控制、建立安全审计机制、加密重要数据传输通道等，提高档案信息的安全性和保密性。

4.用户满意度提升方案

针对用户满意度评估中发现的问题，可以采取一系列措施提升用户满意度。比如加强用户培训和指导、改进服务态度和效率、建立用户反馈机制、及时处理用户意见和建议等，提高用户对档案管理工作的满意度和信任度。

通过以上评估与优化措施的实施，可以不断改进学生档案管理制度与流程，提高管理效率和服务水平，更好地满足学校教学、科研和管理的需要。

（三）可能面临的其他问题

学生档案管理制度与流程的建设是一项复杂的系统工程，其实施过程中可能会面临各种问题。下面将对这些问题与挑战进行分析，以便更好地应对和解决。

1. 数据质量问题

在档案管理过程中，数据的准确性和完整性是至关重要的。然而，由于数据录入、更新和维护过程中可能存在的人为错误、遗漏和重复等问题，导致档案数据质量不高，影响了后续管理工作的正常进行。

2. 流程复杂性问题

学生档案管理涉及多个环节和多个部门之间的协同合作，流程较为复杂。如果流程设计不合理或者执行不到位，就容易导致流程延误、信息丢失或者冗余等问题，影响档案管理工作的效率和质量。

3. 安全风险问题

随着信息化技术的发展，学生档案管理系统越来越依赖电子化手段进行数据存储和管理。然而，电子化档案管理系统也面临着信息被泄露、系统被攻击和数据损坏等安全风险，一旦发生安全问题，可能会给学校和学生带来严重的损失和影响。

4. 人员素质与意识问题

学生档案管理工作需要相关人员具备较高的专业素质和责任意识，但是在实际操作中，由于人员培训不足、意识淡漠或者不合理的激励机制等，管理人员工作不到位、不负责任，从而影响了档案管理工作的质量。

5. 制度执行与监督问题

制度的建立只是第一步，如何保证制度的执行和监督是更为关键的问题。如果学校管理部门缺乏对档案管理制度的落实和监督，或者在制度执行中存在漏洞和不足，就会导致档案管理工作难以规范和有效进行。

6. 技术更新与管理问题

随着信息技术的不断发展和更新，学生档案管理系统也需要不断更新和升级。但是，如果学校缺乏相关技术人才或者资金支持，就难以保证系统的及时更新和维护，可能会面临技术跟不上、系统不稳定等问题。

7. 法律法规遵从问题

学生档案管理涉及大量的个人隐私信息，需要严格遵守相关的法律法规和政策要求。如果学校在档案管理过程中存在违法违规行为，其可能会面临法律责任和舆论压力，严重影响学校的声誉和形象。

8. 外部环境变化带来的挑战

外部环境的变化也会对学生档案管理工作产生影响。比如政策法规的变化、信息化技术的更新、学校组织结构的调整等，都可能带来新的挑战和机遇，需要及时应对和调整。

综上所述，学生档案管理制度与流程建设面临着诸多问题与挑战，需要学校管理部门和相关人员共同努力，采取有效的措施和策略，加强制度建设和流程优化，提升档案管理工作的水平和效率。

（四）制度与流程的持续改进与优化策略

为了不断提升学生档案管理制度与流程的效率和质量，学校管理部门需要采取一系列持续改进与优化策略，以适应不断变化的环境和需求。

1. 定期评估与反馈机制建立

定期评估是保证制度与流程持续改进的重要手段之一。学校管理部门可以制订评估计划，定期对学生档案管理制度与流程进行评估，包括对制度执行情况、流程效率、数据质量等方面进行全面审查和评估。通过收集反馈意见、开展调研和实地检查等方式，发现问题、查找原因，并及时采取措施进行改进和优化。同时，建立反馈机制，鼓励管理人员和工作人员提出改进建议，形成共识，推动制度与流程不断完善。

2. 持续培训与提升工作人员能力

工作人员是学生档案管理工作的重要执行者，他们的专业水平和素质直接影响管理工作的效果。因此，学校管理部门需要建立健全的培训机制，定期开展相关培训和学习活动，提升工作人员的专业知识和操作技能。培训内容可以涵盖档案管理制度、信息化技术应用、数据安全保障等方面，旨在增强工作人员的综合素质和服务意识，提高工作效率和质量。

3. 利用技术手段优化流程管理

随着信息技术的不断发展，学校可以充分利用先进的技术手段优化流程管理，提高档案管理的效率和便捷性。例如，引入智能化的档案管理系统，实现档案信息的电子化管理和自动化处理，可以大大减轻工作负担，提升工作效率。此外，结合云计算、大数据等技术，可以实现档案信息的共享和集成，为学生服务提供更加便利和高效的支持。同时，加强对信息安全技术的研究和应用，建立完善的数据安全管理机制，保障档案信息的安全和可靠。

制度与流程的持续改进与优化是学生档案管理工作的重要环节，需要学校管理部门和相关人员共同努力，不断完善管理制度和流程，提高管理水平和服务质量，为学生提供更加便捷和优质的档案管理服务。

二、加强信息安全措施

（一）信息安全意识的培养与加强

确保学生档案信息的安全性和保密性是学校档案管理工作的首要任务之一。而信息安全意识的培养与加强则是实现这一目标的重要手段之一。下面将介绍一些提升信息安全意识的方法和措施。

1. 定期培训和教育

学校可以定期组织档案管理人员、教职员工以及学生进行信息安全意识培训和教育活动。这些培训内容可以涵盖信息安全的基本概念、法律法规要求、常见的安全风险和防范措施等，帮助全体成员提升信息安全防范意识和技能。

2. 制定信息安全政策和规范

学校可以制定相关的信息安全政策和规范，明确规定档案管理工作中的信息安全要求和标准，包括档案访问权限、数据传输加密、备份和恢复措施等，确保每位工作人员都清楚自己的责任和义务。

3. 建立报告机制

学校应建立信息安全事件报告机制，要求工作人员发现任何信息安全问题或威胁时立即报告，并及时采取相应的措施进行处置，以防止问题扩大化或再次发生。

4. 加强审计和监控

学校可以通过加强对档案管理系统的审计和监控，发现和阻止潜在的安全风险和威胁。监控可以包括对系统登录情况、数据访问记录、异常操作行为等的实时监测和记录，及时发现异常情况并采取应对措施。

5. 加强技术防护措施

学校应采取有效的技术手段加强信息安全防护，包括加密传输技术、防火墙、入侵检测系统、反病毒软件等，保障档案信息在存储、传输和处理过程中的安全。

6. 加强个人防护意识

每位工作人员都应加强个人信息安全防护意识，不轻信未经证实的信息和链接，不随意泄露个人账号和密码，注意保护个人隐私信息，避免成为信息安全事件的源头或受害者。

7. 建立应急响应机制

学校应建立健全的信息安全事件应急响应机制，明确应急处置流程和责任人员，及时、有效地应对各类安全事件和威胁，最大限度地减少损失和影响。

以上措施的实施可以有效提升学校档案管理工作人员的信息安全意识和能力，确保学生档案信息的安全和保密得到有效的保障。

（二）信息安全管理制度的建立

信息安全管理制度是学校档案管理工作中的重要组成部分，它通过规范和强化信息安全管理，保障学生档案信息的安全、完整和可靠。下面将介绍信息安全管理制度的建立过程和关键内容。

1. 制度建立的背景和必要性

随着信息技术的不断发展和应用，学生档案信息管理面临着越来越多的安全威胁和风险，如数据泄露、黑客攻击、病毒感染等。建立信息安全管理制度可以帮助学校及时发现和应对各类安全问题，保护学生档案信息的安全和隐私。

2. 制度建立的目的和原则

制度的目的是明确学校档案管理工作中的信息安全要求和管理规范，保障档案信息的机密、完整和可用。制度建立的原则包括法律依据、科学性、规范性、透明性、权责一致性、持续改进等，确保制度的合法性和有效性。

3. 制度建立的依据

制度建立的依据主要包括相关法律法规、学校管理制度、国家标准和行业规范等。在制定信息安全管理制度时需要充分考虑这些依据，确保制度的合规性和权威性。

4. 制度内容和要求

制度内容主要包括档案信息安全管理的基本原则、组织架构和职责分工、安全措施和技术要求、安全事件处理流程、监督检查和责任追究等内容。要求制度内容既要具体明确，又要灵活适用，能够满足不同情况下的安全管理需求。

5. 制度执行和监督

制度的执行和监督是保证制度有效实施的关键。学校应建立健全的制度执行机制，明确责任人和执行程序，定期组织制度培训和宣传，加强对制度执行情况的监督检查，及时发现和纠正存在的问题，确保制度的落实和执行效果。

6. 制度评估和改进

制度建立后，需要进行定期的评估和改进。学校可以通过开展内部审核、外部评估、用户满意度调查等方式，对制度的实施情况和效果进行评估，及时发现和解决存在的问题，不断完善和改进信息安全管理制度。

建立健全的信息安全管理制度对于保障学生档案信息的安全和隐私具有重要意义。学校应充分重视信息安全管理工作，加强制度建设和执行，确保档案信息的安全和可靠。

（三）信息安全技术的应用与保障

信息安全技术在学生档案管理中起着至关重要的作用，它能够有效保护档案信息的机密性、完整性和可用性。下面将介绍三种常用的信息安全技术及其在档案管理中的应用与保障。

1. 数据加密技术的应用

数据加密技术是信息安全领域中最常见、最基础的安全技术之一，它通过对数据进行加密处理，使未经授权的用户无法获得数据的真实内容。在学生档案管理中，数据加密技术可以应用于以下三个方面。

（1）存储数据加密：将存储在服务器或数据库中的学生档案数据进行加密处理，确保数据在存储和传输过程中不被非法获取。

（2）传输数据加密：在数据传输过程中采用加密算法对数据进行加密，防止数据在网络传输过程中被窃取或篡改。

（3）访问控制数据加密：对于对敏感档案信息的访问，采用数据加密技术进行权限控制，只有经过授权的用户才能解密并访问相应的数据。

数据加密技术可以有效保护学生档案信息的安全，但同时也需要合理选择加密算法、密钥管理等措施，确保加密的可靠性和安全性。

2. 访问权限控制的实施

访问权限控制是指根据用户身份和权限设置，对学生档案信息的访问进行控制和管理的技术手段。在学生档案管理中，实施访问权限控制可以有效防止未经授权的用户访问和修改档案信息，保障档案信息的安全性。主要包括以下三个方面。

（1）身份认证：对用户进行身份认证，确保用户身份的合法性。常用的身份认证方式包括密码验证、指纹识别、智能卡等。

（2）权限控制：根据用户的身份和权限设置，对其进行访问权限的控制。可以设置不同级别的权限，确保用户只能访问其具有权限的档案信息。

（3）审计日志记录：记录用户对档案信息的访问行为，包括访问时间、访问内容等信息，便于监控和追溯用户的操作。

3. 审计和监控机制的建立

审计和监控机制是指对学生档案管理系统中的操作进行实时监控和记录，及时发现和应对安全事件和风险。在学生档案管理中，建立审计和监控机制可以帮助学校及时发现异常行为和安全事件，加强对档案信息的保护。具体包括以下三个方面。

（1）实时监控：对学生档案管理系统的操作进行实时监控，以及时发现异常操作和安全事件。

（2）事件记录：记录用户的操作行为和系统事件，包括登录记录、数据访问记录等，形成完整的审计日志。

（3）安全报警：对于异常操作和安全事件，系统能够自动产生报警并及时通知相关人员采取相应的安全应对措施。

通过建立审计和监控机制，学校能够及时发现和应对安全问题，提高学生档案信息的安全性和保密性。

三、加强监督

（一）监督机制

（1）监督体系的构建：学校应建立健全的档案管理监督机制，明确监督部门和监督责任人，确保监督工作的全面性和及时性。

（2）监督责任的明确与分工：各相关部门和岗位应明确档案管理的监督责任和任务，建立起监督工作的分工制度，形成上下联动、互相监督的工作格局。

（3）监督手段与方法创新：除了传统的检查和考核，还应探索利用现代科技手段，如数据分析、智能监控等，提高监督的效率和精准度。

（二）责任追究与奖惩机制

（1）违规行为的调查与处理：学校应建立健全的违规行为处理机制，对档案管理中的违规行为及时调查，严肃处理，并公开通报，以达到震慑和警示的效果。

（2）优秀执行者的表彰与激励：对在档案管理中表现突出、工作成绩显著的个人和集体进行表彰和奖励，激励全体工作人员提高档案管理工作水平。

（三）监督与改进的周期性评估

（1）定期评估制度执行情况：学校应定期开展档案管理制度执行情况的评估，通过定量和定性的方法，全面评估制度执行的效果和存在的问题。

（2）分析评估结果并提出改进措施：在评估结果的基础上，及时分析产生问题的原因，提出改进措施和建议，不断完善档案管理制度和工作流程。

（四）信息公开与透明化

（1）档案管理相关信息公开制度：学校应建立档案管理相关信息公开制度，向师生和社会公开档案管理的政策、规定和执行情况，保持信息公开透明。

（2）向学生和相关方公开制度执行情况：学校应定期向学生和家长公开档案管理制度执行情况，接受他们的监督和建议，增强制度的公信力和执行力。

（五）利益相关方的参与与建议

（1）学生、教师和家长等利益相关方的意见收集与反馈：学校应建立渠道，积极收集学生、教师和家长等利益相关方对档案管理制度的意见和建议，形成多方参与的监督机制。

（2）制度改进建议的采纳与落实：学校应认真对待利益相关方提出的改进建议，及时采纳并落实，不断提升档案管理工作水平。

（六）持续改进与优化

（1）定期召开制度改进与优化会议：学校应定期召开档案管理制度改进与优化会议，总结经验，研究问题，提出解决方案，推动档案管理工作不断改进与提升。

（2）根据实际情况调整制度与流程：学校应根据实际情况和反馈意见，及时调整档案管理制度和工作流程，确保其与时俱进、符合实际需求。

（七）制度执行与监督的科技支持

（1）智能化监督工具的应用：学校可以利用现代信息技术，开发智能化的档案管理监督工具，实现对制度执行情况的实时监控和分析。

（2）数据分析与预警系统的建设：借助数据分析和预警系统，学校能够及时发现档案管理中的异常情况和风险，提前采取应对措施，确保制度的有效执行。

以上所述是高校学生档案管理制度的监督部分的内容，通过建立健全的制度执行机制、强化监督与评估、加强信息公开和利益相关方参与等措施，可以有效提升档案管理工作的质量和效率，确保学生档案信息的安全和可靠。

第四节　高校学生档案管理体系构建

高校学生档案管理体系的构建是整个档案管理工作的基础和核心，它涉及档案管理的组织结构、职责分工、管理流程、信息系统等方面。一个科学完善的档案管理体系可以有效地保障学生档案信息的准确性、完整性和安全性，提高档案管理的效率和质量，为学校的教学、科研和管理工作提供重要支持。高校学生档案管理体系构建是确保学生档案管理工作科学、规范、高效开展的基础。一个健全的管理体系不仅能够提高学生档案管理的效率，还能够保障档案信息的安全和完整性。在构建高校学生档案管理体系时，需要考虑以下五个方面。

一、档案管理组织架构设计

高校学生档案管理体系的组织架构设计是体系构建的首要步骤。合理的组织架构能够明确档案管理工作的责任分工和管理层级，有助于提高管理效率和工作质量。设计档案管理组织架构需要考虑学校的规模、管理层级和档案管理工作的特点，合理划分各级管理部门和岗位职责，建立起科学的管理体系。在高校学生档案管理体系的组织架构设计中需要考虑以下两方面的内容：

（一）组织结构与职责分工

高校学生档案管理体系的组织结构应当明确，各级部门之间的职责分工应当清晰，以确保档案管理工作的高效运行和顺畅沟通。一般来说，学校档案管理工作由学生管理部门、教务处、档案管理部门共同负责，具体的职责划分如下。

1.学生管理部门

学生管理部门是学校学生档案管理工作的牵头部门，负责制定学生档案管理的总体规划和政策，统筹协调各部门之间的档案管理工作。其主要职责包括确立档案管理的发展目标、提出管理建议、推动档案管理改革等，并负责学生档案管理工作的统筹规划和组织实施，制定相关政策和制度，监督和指导各学院、系的档案管理工作。

2. 教务处

教务处在学生档案管理工作中扮演着重要角色，负责学籍管理和教学质量监控，其主要职责包括学生档案信息的录入和更新、学籍管理制度的建立和完善、教学质量数据的统计和分析等，协助学校档案管理部门开展学生档案管理工作，确保学籍档案的准确性和完整性。

3. 档案管理部门

档案管理部门是学校档案管理工作的执行主体，负责学生档案信息的收集、整理、存储、利用等工作，建立健全的档案管理制度和流程，保障学生档案信息的安全和可靠。其主要职责包括建立健全的档案管理制度和流程、维护档案信息的安全和完整、为学校各项管理活动提供数据支持等。

（二）管理流程与信息系统

高校学生档案管理体系的管理流程应当科学合理，确保档案管理工作的有序进行。一般而言，学生档案管理的流程包括档案信息的采集、录入、存储、查询、利用等环节，每个环节都应当明确责任人和操作规程，确保档案信息的准确性和完整性。为了提高档案管理工作的效率和质量，许多高校采用了电子档案管理系统。这些系统可以实现学生档案信息的电子化管理，方便、快捷地进行信息录入、存储、查询和统计分析，极大地提高了档案管理工作的效率和准确性。同时，电子档案管理系统还可以实现档案信息的多级权限控制和安全备份，保障档案信息的安全和可靠。

1. 管理流程设计

学生档案管理的流程应当包括档案信息的采集、录入、存储、查询、利用等环节。在每个环节都应当明确责任人和操作规程，确保档案信息的准确性和完整性。

2. 信息系统应用

电子档案管理系统可以实现学生档案信息的电子化管理，方便、快捷地进行信息录入、存储、查询和统计分析。此外，电子档案管理系统还可以实现档案信息的多级权限控制和安全备份,保障档案信息的安全和可靠。

结合信息系统的应用,合理设计档案管理组织架构和管理流程,可以有效地提升学校学生档案管理工作的效率和质量,为学生档案管理工作的顺利开展提供有力支持。

二、档案管理制度建设

档案管理制度是高校学生档案管理体系的重要组成部分,是规范档案管理工作的基本依据。高校学生档案管理体系的建设需要依靠健全的管理制度和政策体系,为档案管理工作提供制度保障和政策支持。学校应当制定相关的档案管理制度和规范,明确档案管理的基本原则、流程和要求,规范档案管理工作的开展。同时,学校还应当结合实际情况,及时修订和完善档案管理制度,适应信息化和数字化发展的需要,不断提高档案管理的科学性和规范性。制度建设需要综合考虑国家相关法律法规和学校的实际情况,明确档案管理的基本原则、工作流程、管理权限、责任追究等内容,建立起完善的档案管理制度体系。高校学生档案管理制度的建设是确保学生档案管理工作科学、规范、高效开展的基础。一个完善的管理制度体系能够为学生档案管理提供明确的指导和规范,促进管理工作的有序进行。下面将围绕档案管理制度的建设展开,包括制度的建立、执行和监督等方面。

(一)档案管理制度的建立

在高校学生档案管理制度建设中,制度的建立是首要任务。制定科学、合理的档案管理制度能够为档案管理工作提供明确的指导和依据,保障档案管理工作的规范和有效开展。档案管理制度建立的主要内容包括:

1. 制度建立依据

制度的建立应当遵循国家相关法律法规和学校的管理要求,明确制度的依据和适用范围。

2. 制度建立程序

制定制度前应当进行充分的调研和论证工作,制定制度草案,并广泛征求意见，最终由学校领导审定并正式发布。

3. 制度内容

制度的内容应当包括档案管理的基本原则、工作流程、管理权限和责任追究等内容，规范档案管理工作的开展。

（二）档案管理制度的执行

制度的建立只是第一步，更重要的是要确保制度得到切实执行。为了保障档案管理制度的有效执行，需要采取一系列措施，包括：

1. 制度宣贯

学校应当组织相关部门对档案管理制度进行广泛宣传和培训，提高档案管理人员和相关工作人员的认识和理解。

2. 执行监督

学校应当建立档案管理制度执行的监督机制，对档案管理工作的执行情况进行定期检查和评估，发现问题及时整改。

3. 奖惩激励

对于认真执行制度的单位和个人应当给予相应的奖励和激励，对于违反制度的单位和个人应当给予相应的惩罚。

（三）档案管理制度的监督

档案管理制度的有效执行需要建立健全的监督机制，保障档案管理工作的规范和有序开展。监督机制应当包括以下三个方面。

1. 内部监督

学校内部各级管理部门应当加强对档案管理工作的监督和检查，确保制度的有力执行。

2. 外部监督

学校档案管理工作应当接受社会公众和监督部门的监督和检查，接受社会的公正评价。

3. 定期评估

学校应当定期对档案管理工作进行评估和总结，发现问题及时改进，确保档案管理工作的规范和有效。

（四）档案管理制度的完善

随着学校和档案管理工作实践的发展，档案管理制度需要不断完善和更新，以适应新形势下档案管理工作的需求。完善档案管理制度应当注重以下三个方面。

1. 及时修订

学校应当根据实际情况，及时修订档案管理制度，保持制度的及时性和适用性。

2. 借鉴经验

学校可以借鉴其他高校和单位的档案管理经验，吸收先进的管理理念和方法，不断提升档案管理制度的科学性和先进性。

3. 公开透明

学校应当公开档案管理制度的内容和执行情况，接受社会公众的监督和评价，保证档案管理工作的公开透明。

（五）信息化建设与技术支持

在当前信息化时代，高校学生档案管理体系的建设离不开信息技术的支持。学校需要加大对信息化建设的投入，建立先进的电子档案管理系统，实现档案信息的电子化、网络化、智能化。同时，学校还应当加强对档案管理人员的信息化培训，提升他们的信息化水平和技术能力，保障档案管理工作的顺利开展。

高校学生档案管理制度的建设是保障档案管理工作规范、有效开展的重要保障。学校和相关部门需要共同努力，通过建立科学合理的制度体系、切实执行制度要求、健全监督机制和不断完善制度内容等措施，构建起一个科学、规范、高效的学生档案管理制度体系，为学校的教育教学事业提供有力支撑。

三、档案管理流程优化

档案管理流程的优化是提高档案管理效率和服务质量的关键。通过对档案管理流程进行科学分析和优化设计，可以减少工作环节和手续，提高工作效率，降低管理成本。在流程优化过程中，需要充分考虑各个环节之间的关联性和协同性，确保流程的顺畅和高效。

四、档案管理信息系统建设

随着信息化技术的发展，档案管理信息系统已经成为高校学生档案管理的重要支撑。建设先进的档案管理信息系统能够实现档案信息的数字化、网络化和智能化，提高档案管理的效率和质量。信息系统建设需要考虑系统功能的完善性、数据的安全性、操作的便捷性等方面，以满足学校档案管理工作的实际需求。

五、档案管理人员培训与队伍建设

档案管理人员是学生档案管理工作的重要组成部分，他们的专业水平和服务意识直接影响档案管理工作的质量和效果。因此，加强档案管理人员的培训与队伍建设是构建高校学生档案管理体系的关键环节。可以通过开展各类培训活动不断提高档案管理人员的综合素质和专业水平，确保他们能够胜任各项档案管理工作。同时，还需要设置相应的人员激励机制，激发档案管理人员的工作积极性和创造性，保障档案管理工作的顺利开展。

高校学生档案管理体系的构建是保障档案管理工作规范、高效开展的重要保障。通过合理设计组织架构、健全制度建设、优化流程设计、建设信息系统、加强人员培训与队伍建设等措施，可以构建起一个科学、规范、高效的学生档案管理体系，为学校的教育教学事业提供有力支撑。

六、高校学生档案管理体系构建案例

下面是一个高校学生档案管理体系案例。

（一）组织架构设计

（1）校级档案管理部门：负责档案管理工作的规划、协调和监督，并负责制定相关政策和制度。

（2）学院档案管理办公室：负责本学院学生档案管理工作的具体实施，协助校级档案管理部门开展相关工作。

（二）制度建设

（1）档案管理制度：明确档案管理的基本原则、工作流程、管理权限和责任追究，规范档案管理工作的开展。

（2）信息安全制度：确保档案信息的安全性和完整性，规范档案信息的采集、存储、传输和使用。

（3）服务管理制度：规范档案管理服务的内容、方式和标准，提高服务质量和效率。

（三）流程优化

（1）档案存档流程：明确学生档案的采集、整理、存档和调阅流程，简化手续，提高存取效率。

（2）信息录入流程：建立统一的信息录入标准和流程，确保档案信息的准确性和完整性。

（3）档案借阅流程：规范借阅手续和流程，保障档案信息的安全和保密。

（四）信息系统建设

（1）学生档案管理信息系统：建立电子化的学生档案管理系统，实现学生档案信息的数字化、网络化和智能化管理。

（2）数据备份与恢复系统：建立健全的数据备份与恢复机制，确保档案信息的安全和可靠性。

（五）人员培训与队伍建设

（1）培训计划：定期开展档案管理人员的培训活动，提升他们的专业水平和服务意识。

（2）专业技能培训：加强档案管理人员的专业技能培训，提高他们的档案管理能力和水平。

（3）激励机制：建立激励机制，激发档案管理人员的工作积极性和创造性，增强其工作的主动性和责任感。

以上案例说明，高校通过合理的组织架构设计、制度建设、流程优化、信息系统建设和人员培训与队伍建设等措施，能够构建起一个科学、规范、高效的学生档案管理体系，为学校的教育教学事业提供有力的支撑。

第四章　高校学生档案管理技术与工具

第一节　电子档案管理系统的建设与应用

一、电子档案管理系统概述

（一）概念

电子档案管理系统是一种利用信息技术手段对学生档案进行全面管理的系统。传统的纸质档案管理方式存在着信息检索效率低、需要的存储空间大、信息易丢失等问题，而电子档案管理系统通过数字化、网络化的方式，能够实现学生档案的电子化存储、检索、传递和共享，大大提高了档案管理的效率和质量。

（二）功能模块

（1）档案录入与整理：将纸质档案进行数字化录入和整理，建立学生档案数据库。

（2）档案查询与检索：提供多种查询方式，如按学号、姓名、班级等条件检索档案信息，并支持关键词搜索。

（3）档案修改与更新：对档案信息的修改、更新等操作进行记录和审批，确保档案信息的准确和及时。

（4）权限管理与安全保障：设定不同用户的权限等级，限制其对档案信息的访问和操作，保障档案信息的安全。

（5）档案备份与恢复：定期将档案数据库备份，以防止数据丢失或损坏，并提供数据恢复功能。

(三)优势与特点

(1)信息存储与检索方便快捷:电子档案管理系统将学生档案以数字形式存储于数据库中,通过搜索、筛选等功能快速检索需要的信息,节省了大量的人力和时间成本。

(2)数据共享与互联网化:系统实现了学校各部门间的信息共享与交换,提高了工作协同效率,同时也支持学生、教师等相关人员通过网络平台随时查阅个人档案信息。

(3)安全性与可靠性强:采用密码保护、权限控制等技术手段,保障档案信息的安全性和完整性,防止信息泄露和被篡改。

(4)空间节约与环保:电子档案无须占用大量的物理空间存放,节约了存储成本,同时也减少了对纸张等资源的消耗,符合环保理念。

(四)应用范围

电子档案管理系统广泛应用于各类高校的学生档案管理工作中,包括但不限于学籍管理、学生信息统计分析、学业评价等方面。同时,在学校的教务、人事、学生工作等部门也会将电子档案管理系统应用于相关工作中,实现信息共享与管理的一体化。

(五)应用效果

(1)提升管理效率:电子档案系统实现了档案信息的集中管理和快速检索,大大提高了档案管理的效率和精确度,减少了管理人员的工作量。

(2)加强信息安全:通过权限控制和数据加密等安全机制,保障了档案信息的安全性和完整性,防止信息泄露和被篡改。

(3)促进工作协同:系统支持多部门之间的数据共享和交流,促进了学校内部各部门之间的工作协同和信息共享,提高了管理效率和服务质量。

(4)服务学生需求:学生和家长可以通过网络平台随时查阅个人档案信息和办理相关业务,提升了学生服务的便利性和满意度。

二、电子档案管理系统的关键技术与组成要素

（一）系统架构

电子档案管理系统的系统架构是系统设计的基础，直接影响系统的性能、稳定性和扩展性。一个合理的系统架构能够提高系统的灵活性、可维护性和安全性，保障系统的正常运行和持续发展。

（1）分层架构设计：电子档案管理系统通常采用分层架构设计，将系统划分为多个层次，包括用户界面层、业务逻辑层、数据访问层等。这样的架构可以实现各个层次的独立开发、部署和管理，提高系统的模块化程度和可维护性。

（2）服务化架构实现：基于服务化架构设计，将系统的功能模块和服务拆分为独立的服务单元，通过服务间的接口进行通信和交互，实现服务的灵活组合和调用。这样的架构可以实现系统的分布式部署和水平扩展，提高系统的可伸缩性和性能表现。

（3）微服务架构应用：微服务架构是一种新型的分布式系统架构，即将系统拆分为多个小型的、自治的服务单元，每个服务单元独立部署和管理，通过轻量级的通信机制进行交互。这样的架构可以实现系统的快速开发、部署和升级，提高系统的灵活性和可维护性。

（4）容器化部署技术：基于容器化部署技术，将系统的各个组件和服务打包为独立的容器进行统一管理和部署，实现跨平台、快速部署和灵活扩展。这样的架构可以提高系统的运行效率和资源利用率，简化系统的部署和管理流程。

（5）分布式存储与计算：基于分布式存储和计算技术，将系统的数据和计算任务分布到多个节点上进行处理，实现数据的高可用性、容错性和弹性扩展。这样的架构可以提高系统的数据处理能力和性能表现，满足系统对大数据处理和高并发访问的需求。

合理设计和优化系统架构可以提高电子档案管理系统的性能和稳定性，保障系统的正常运行和可持续发展。

（二）数据库管理

数据库管理是电子档案管理系统中至关重要的一部分，它涉及数据的存储、检索、更新和管理，直接影响系统的性能、安全性和可靠性。在设计和实现电子档案管理系统时，合理选择和管理数据库是至关重要的。

（1）数据库选择与配置：选择数据库，需要考虑系统的需求、数据特点和性能要求，常见的数据库类型包括关系型数据库（如 MySQL、Oracle）、NoSQL 数据库（如 MongoDB、Redis）和 NewSQL 数据库（如 CockroachDB、TiDB）等。根据系统的规模和复杂度，合理配置数据库的硬件资源和参数设置，保障系统的性能和稳定性。

（2）数据模型设计：数据模型是数据库的核心，它定义了数据的结构和关系，直接影响数据的存储和检索效率。设计数据模型需要充分考虑系统的业务需求和数据之间的关系，合理划分数据表和字段，规范数据命名和约束，确保数据的一致性和完整性。

（3）索引和优化技术：索引是提高数据检索效率的关键，通过在数据库表上创建索引，可以加快查询速度和减少系统资源消耗。使用索引需要根据查询频率和数据量选择合适的索引类型和字段，避免创建过多或不必要的索引影响系统的性能和空间利用率。此外，还可以通过数据库优化技术（如查询优化、数据压缩、分区表等）进一步提高系统的性能和响应速度。

（4）数据备份与恢复：数据备份是保障数据安全和可靠的重要手段，通过定期备份数据可以防止数据丢失和损坏，保障系统的正常运行。制定备份策略需要考虑数据的重要性和敏感性，选择合适的备份方案和周期，确保数据可以被及时恢复。同时，还需要定期测试备份和恢复流程，确保备份数据的完整性和可用性。

（5）安全性和权限管理：数据安全是电子档案管理系统的核心问题，需要采取有效的安全措施保护系统的数据免受未经授权的访问和篡改。通过建立严格的权限管理机制，限制用户对数据的访问和操作权限，确保数据的机密性和完整性。同时，还可以采用加密技术对敏感数据进行加密存储和传输，保障数据的安全性和保密性。

（三）界面设计

电子档案管理系统的界面设计直接关系用户体验和系统易用性，良好的界面设计能够提高用户的工作效率和满意度，降低用户学习成本，增强系统的可接受性和可用性。在进行界面设计时，需要考虑以下五个方面。

（1）用户需求分析：在进行界面设计之前，首先需要对用户的需求进行深入分析，了解用户的使用习惯、工作流程和操作习惯，明确用户的需求和期望，为界面设计提供参考依据。

（2）界面布局和结构：界面布局和结构是界面设计的基础，合理的布局和结构可以使用户快速定位和操作功能，提高用户的操作效率。设计界面布局需要考虑信息的组织和排列，合理划分页面结构和区域，确保界面清晰简洁，避免信息过载和混乱。

（3）视觉设计和风格选择：视觉设计是界面设计的重要组成部分，选择合适的颜色、图标、字体和样式等元素，可以提升界面的美观性和吸引力，增强用户的使用体验。选择界面风格需要考虑系统的定位和用户群体，应选择适合用户需求和符合品牌形象的设计风格。

（4）交互设计和操作流程：交互设计是界面设计的核心，它关注用户与系统之间的交互过程和操作流程，通过合理的交互设计可以降低用户学习成本，提高用户的操作效率和满意度。在设计交互过程时，需要考虑用户的心理模型和行为习惯，简化操作步骤，减少用户的操作负担，提高用户的工作效率。

（5）响应式设计和跨平台兼容：随着移动互联网的发展，用户对系统的访问方式越来越多样化，界面设计需要具备良好的响应式设计和跨平台兼容性，以适应不同设备和屏幕尺寸的需求，保证用户在不同设备上都能够流畅访问和使用系统。

界面设计是电子档案管理系统设计中至关重要的一部分，良好的界面设计可以提高用户的工作效率和满意度，增强系统的可用性和可接受性，为用户提供良好的使用体验。在进行界面设计时，需要充分考虑用户的需求和期望，合理设计界面布局和结构，选择合适的视觉风格和交互设计，确保系统的易用性并为用户提供良好的使用体验。

(四)安全保障

电子档案管理系统作为承载大量敏感信息的重要平台,安全保障是其建设与运行过程中至关重要的一环。在保障系统安全方面,需要综合考虑以下五个方面。

(1)数据加密与传输安全:为了保障档案数据的安全性,数据传输和存储需要采取加密措施,确保数据在传输和存储过程中不被窃取或篡改。常见的数据加密技术包括SSL/TLS加密协议、AES加密算法等,对数据进行加密处理可以有效防止数据泄露和非法访问。

(2)访问控制与权限管理:为了防止未经授权的用户访问档案数据,需要建立严格的访问控制机制,对用户的访问权限进行精细化管理。通过用户身份认证、访问授权和权限控制等手段,限制用户对档案数据的访问和操作权限,确保只有经过授权的用户才能够访问和修改档案数据。

(3)身份认证与用户管理:需要对系统中的用户身份进行有效认证,并且建立完善的用户管理体系,包括用户注册、登录、权限分配和角色管理等功能。通过采用强密码策略、多因素认证等技术手段,提高用户身份认证的安全性,防止恶意用户的非法访问和篡改。

(4)审计与监控机制:建立完善的审计和监控机制,对系统的操作进行全面记录和监控,及时发现和应对异常行为。通过日志记录、行为审计和实时监控等手段,对用户的操作行为进行跟踪和分析,发现潜在的安全风险和威胁,及时采取相应的应对措施。

(5)灾备与容灾机制:为了应对突发事件和灾难性故障,需要建立完善的灾备和容灾机制,确保档案数据的持续可用性和稳定性。通过数据备份、异地容灾等手段,实现档案数据的实时备份和快速恢复,保障系统的高可靠性和可用性。

安全保障是电子档案管理系统建设和运行过程中不可忽视的重要方面。通过采取有效的安全措施和技术手段,可以确保档案数据的安全性、完整性和可用性,提高系统的抗攻击能力和安全防护水平,为用户提供安全、可靠的服务环境。

(五) 数据备份与恢复

在电子档案管理系统中，数据备份与恢复是确保档案数据安全性和可用性的关键措施之一。通过定期备份档案数据，并建立有效的数据恢复机制，可以在发生数据丢失、损坏或系统故障等情况下，及时恢复数据，避免信息丢失和业务中断。

(1) 数据备份策略：建立合理的数据备份策略是保障档案数据安全的重要措施。备份策略应该考虑数据的重要性、更新频率和存储容量等因素，确保关键数据能够及时备份并保持一定的历史版本。常见的数据备份策略包括完全备份、增量备份和差异备份等，通过结合这些备份方式，可以实现数据的全面备份和有效管理。

(2) 数据备份方案：选择数据备份方案需要综合考虑系统的实际情况和需求，选择适合的备份技术和工具。常见的备份方案包括本地备份和远程备份两种。本地备份通常采用外部存储设备或网络存储设备进行数据备份，具有备份速度快、操作简单等优点；而远程备份则通过将数据备份至远程服务器或云存储平台，实现数据的异地备份和灾备保护，具有数据安全性高、可靠性强等特点。

(3) 数据恢复机制：建立完善的数据恢复机制是保障档案数据可用性的重要手段。数据恢复机制包括数据恢复流程、恢复策略和恢复工具等方面，通过这些机制可以实现在数据丢失或损坏时快速恢复数据，降低因数据丢失而导致的损失。常见的数据恢复手段包括从备份数据中恢复、数据修复和数据恢复等方式，可以根据实际情况选择合适的恢复方法进行数据恢复操作。

(4) 数据备份与恢复测试：定期进行数据备份与恢复测试是保障备份系统有效性和可靠性的重要手段。通过定期测试备份数据的完整性和可用性，及时发现备份系统存在的问题和风险，以便及时调整和优化备份方案。同时，定期进行数据恢复测试，验证备份数据的恢复能力和效果，确保在发生数据丢失或损坏时能够及时恢复数据，保障档案数据的安全性和可用性。

数据备份与恢复是电子档案管理系统建设和运行过程中必不可少的重要

环节。通过建立完善的备份策略和备份方案，并定期进行数据备份与恢复测试，可以有效保障档案数据的安全性和可用性，提高系统的抗风险能力和应急响应能力。

三、电子档案管理系统建设流程

电子档案管理系统建设是一个系统工程，需要经过一系列有序的步骤和流程来完成。下面是电子档案管理系统建设的一般流程。

（一）需求分析与规划

电子档案管理系统的建设始于对系统需求的全面分析和规划，这一阶段的工作直接影响后续系统设计与实施的顺利进行。以下是需求分析与规划的关键内容：

（1）需求收集与整理：在系统建设之初，必须充分了解各个利益相关方的需求和期望。这些相关方包括学校管理部门、教师、学生以及其他可能与系统有关的机构或个人。通过调研、访谈、问卷调查等方式收集各方的意见和建议，形成全面的需求清单。

（2）需求分析与优先级确定：收集到的需求需要进行详细的分析和评估，确定其重要性和紧急程度。这些需求可能涉及系统功能、性能、安全性、易用性等方面。根据需求的重要性和紧急程度制定优先级，为后续的系统设计和实施提供指导。

（3）系统规划与架构设计：在需求分析的基础上制定系统的整体规划和架构设计。这包括确定系统的功能模块、数据结构、技术平台等方面。规划阶段需要综合考虑各个方面的因素，确保系统的设计能够满足用户需求并具有良好的扩展性和可维护性。

（4）项目计划与资源调配：在系统规划阶段，需要制订详细的项目计划，并合理调配项目所需的人力、物力和财力资源。项目计划应该包括项目目标、关键里程碑、工作任务、资源预算、风险评估等内容，确保项目能够按时、按质、按量完成。

（5）需求沟通与确认：在需求分析与规划阶段，需要与各方进行充分的沟通和确认，确保需求的准确性和完整性。通过与用户的反复沟通和确认，及时发现和解决问题，避免后续开发过程中出现需求偏差或变更。

在需求分析与规划阶段，需要充分重视用户的意见和建议，确保系统建设能够真正满足用户的需求，为学校档案管理工作提供更加便捷、高效、安全的解决方案。

（二）系统设计与开发

在需求分析与规划阶段确定了系统的整体架构和功能需求后，接下来是系统设计与开发阶段。这一阶段的主要任务是根据需求分析的结果进行系统的详细设计，并实现系统的开发和测试。

（1）系统架构设计：在系统设计阶段，需要进一步细化系统的架构设计。这包括确定系统的组成模块、模块之间的交互关系、数据流程和处理逻辑等。在设计系统架构时，需要充分考虑系统的稳定性、可扩展性、安全性等方面。

（2）数据库设计：数据库设计是系统设计的重要组成部分。需要设计合理的数据库结构，包括数据表的设计、字段的定义、关系的建立等。数据库设计应该充分考虑系统的数据存储需求和数据处理效率，确保系统能够高效地存储和管理大量的档案数据。

（3）界面设计：界面设计是实现用户与系统交互的重要环节。需要设计直观、友好的用户界面，使用户能够方便地使用系统，并且提供清晰的操作指引和提示。界面设计应该符合用户习惯，简洁明了，避免过多的复杂操作和冗余信息。

（4）功能开发与编码：在系统设计完成后，需要进行功能开发和编码工作。根据系统设计的要求编写程序代码，实现各个功能模块的具体功能。在编码过程中，需要遵循编码规范，保证代码的质量和可维护性，同时充分考虑系统的性能和安全性。

（5）系统集成与测试：在开发完成后，需要进行系统集成和测试工作。将各个功能模块进行集成，确保系统各部分能够正常协同工作。同时进行功能测试、性能测试、安全测试等，发现和解决系统存在的问题和缺陷，保证系统的稳定性和可靠性。

（6）文档编写与培训：在系统开发完成后，需要编写相关文档，包括用户手册、技术文档等，为系统的使用和维护提供指导。同时进行用户培训，使用户能够熟练掌握系统的操作方法和注意事项，确保系统能够顺利投入使用。

（三）数据迁移与录入

数据迁移与录入是电子档案管理系统建设流程中至关重要的一环，它涉及将原有的纸质档案或其他电子档案转移到新系统中，并确保数据的准确性和完整性。以下是该阶段的主要内容和流程：

（1）数据清理与准备：在进行数据迁移与录入之前，需要对原有的档案数据进行清理和准备工作。这包括对档案数据进行筛选、整理、去重等处理，确保数据的质量和完整性。

（2）数据格式转换：如果原有的档案数据不是电子格式，需要进行数据格式的转换。这可能涉及扫描纸质档案并将其转换为电子文档，或者将其他电子格式的档案数据进行格式转换，以适应电子档案管理系统的要求。

（3）数据迁移：一旦数据准备就绪，就可以开始进行数据迁移工作。数据迁移的过程包括将原有的档案数据导入电子档案管理系统，并确保数据的完整性和一致性。这可能涉及使用专业的数据迁移工具或自行编写脚本程序来实现。

（4）数据录入与验证：部分需要手工录入的数据需要进行数据录入和验证工作。录入人员需要按照预定的格式和规范，将档案数据逐条录入系统，并进行数据验证和校对，确保数据的准确性和完整性。

（5）数据审查与修正：在数据迁移和录入过程中，可能会出现数据错误或遗漏等问题。因此，需要进行数据审查和修正工作，及时发现和纠正数据错误，确保数据的准确性和可靠性。

（6）数据质量控制：在数据迁移和录入过程中，需要建立数据质量控制机制，确保数据的质量达到要求。这包括制定数据录入规范和流程，加强数据质量监控和审查，及时发现和处理数据质量问题。

（7）数据导入与备份：数据迁移和录入完成后，需要进行数据导入和备份。将已录入的数据导入系统，并进行数据备份，以防止数据丢失或损坏，保障数据安全。

通过以上步骤，可以有效地完成电子档案管理系统的数据迁移与录入工作，确保档案数据顺利转移并准确录入新系统，为后续的系统使用和管理奠定了良好的基础。

（四）系统测试与调试

系统测试与调试是电子档案管理系统建设流程中至关重要的一环，它旨在验证系统功能的完整性、稳定性和性能，确保系统能够满足预期的需求和要求。以下是该阶段的主要内容和流程。

（1）功能测试：对系统的各项功能进行全面测试，包括档案录入、查询、修改、删除等功能，以验证系统是否能够按照预期的方式正常运行，并满足用户的操作需求。

（2）性能测试：对系统的性能指标进行测试，包括系统的响应速度、并发处理能力、数据处理能力等，以评估系统的性能表现和稳定性，并发现潜在的性能瓶颈和问题。

（3）兼容性测试：测试系统在不同操作系统、浏览器、设备等环境下的兼容性，确保系统能够在不同的环境下正常运行，并提供一致的用户体验。

（4）安全性测试：对系统的安全性进行测试，包括身份认证、权限控制、数据加密等方面，以确保系统的数据安全和用户信息的保密性，防止潜在的安全威胁和漏洞。

（5）易用性测试：评估系统的用户界面设计和交互体验，包括界面布局、操作流程、提示信息等方面，以确保系统的易用性和用户友好性，提高用户的使用满意度。

（6）异常情况测试：模拟系统出现异常情况，如服务器宕机、网络断连等，测试系统的容错能力和恢复能力，以确保系统能够及时处理异常情况，并保障数据的安全和完整性。

（7）系统调试：在测试过程中发现的问题和异常需要及时进行调试和修

复，包括对系统代码、配置文件等方面进行调整和优化，以确保系统能够正常运行，并达到预期的性能指标和功能要求。

通过以上步骤的测试与调试工作，可以全面评估系统的质量和性能，及时发现和解决问题，确保系统能够顺利投入使用，满足用户的需求和期望，为学生档案管理提供可靠的技术支持和保障。

（五）培训与推广

在电子档案管理系统建设完成并通过测试后，为了确保系统能够被广泛应用并发挥最大的效益，需要进行系统的培训与推广工作。以下是培训与推广阶段的主要内容和流程。

（1）培训对象确定：首先需要确定培训对象，包括学校的档案管理人员、教职员工和学生等，以及系统的管理员和操作人员，根据不同的角色和职责制定相应的培训计划和内容。

（2）培训计划制定：制订系统培训的详细计划，包括培训时间、地点、内容、方式等，确保培训工作有序进行，并覆盖所有需要接受培训的对象。

（3）培训材料准备：准备系统培训所需的各类材料，包括培训手册、演示文稿、视频教程等，以便培训人员进行教学和学习，并提供必要的参考资料和工具。

（4）培训内容安排：根据系统的功能和操作流程设计相应的培训内容，包括系统的基本介绍、操作指南、常见问题解答等，确保培训对象能够全面了解系统的使用方法和注意事项。

（5）培训方式选择：根据培训对象的特点和需求选择合适的培训方式，包括面对面培训、在线培训、视频教学等，以提供灵活多样的培训形式，满足不同用户的学习需求。

（6）培训师资选拔：确定培训师资，选择具有丰富经验和专业知识的培训讲师，进行系统的培训师资培训和考核，以确保培训效果和质量。

（7）培训效果评估：在培训结束后进行培训效果评估，收集培训对象的反馈意见和建议，及时调整和改进培训内容和方式，提高培训的针对性和有效性。

（8）推广宣传工作：在培训完成后，通过各种渠道进行系统的推广宣传工作，包括发布通知、举办培训展示会、制作宣传资料等，提高系统的知名度和使用率，促进系统的广泛应用和推广。

通过以上培训与推广工作，可以有效提高用户对电子档案管理系统的认知和理解，提升系统的使用率和满意度，实现系统的良性循环和持续发展。

（六）持续优化与改进

电子档案管理系统的建设并不是一次性的任务，而是一个持续改进的过程。在系统建设完成并投入使用后，其需要不断地进行优化和改进，以适应不断变化的需求和技术发展的趋势。以下是持续优化与改进的主要内容和流程。

（1）用户反馈收集：定期收集用户的反馈意见和建议，包括系统的使用体验、功能需求、问题反馈等，建立反馈渠道和机制，及时了解用户的需求和期望。

（2）问题分析与解决：对用户反馈的问题进行分析和整理，及时解决存在的系统故障，解除安全隐患，确保系统的稳定运行和安全可靠。

（3）功能更新与升级：根据用户的需求和市场的变化，及时更新和升级系统的功能和性能，增加新的功能模块和服务功能，提升系统的竞争力和用户体验。

（4）性能优化与调整：对系统的性能进行定期评估和优化，包括系统的响应速度、数据处理能力、安全性能等，通过技术手段和调整参数等方式提升系统的性能表现。

（5）技术跟进与应用：关注行业的最新技术发展和应用趋势，及时跟进和引入新的技术和工具，提升系统的技术水平和创新能力，保持系统的领先地位。

（6）培训与知识更新：对系统的管理员和操作人员进行定期的培训和知识更新，提高其技术能力和管理水平，确保系统的正常运行和管理维护。

（7）风险评估与应对：定期对系统进行风险评估和安全检查，发现和应对潜在的安全风险和威胁，加强系统的安全防护和应急响应能力，确保系统的数据和信息安全。

（8）项目管理与监督：建立完善的项目管理和监督机制，对系统的建设和运行进行全面监控和管理，确保项目的顺利推进和运行效果。

持续优化与改进工作可以不断提升电子档案管理系统的性能和服务水平，满足用户的需求和期望，实现系统的持续发展和价值提升。

第二节 数据安全与保护措施

一、数据安全意识与相关培训

（一）数据安全意识

数据安全意识是指个人和组织对数据安全问题的认识、理解和重视程度。在电子档案管理系统中，数据安全意识的重要性不言而喻，它直接关系档案数据的保密性、完整性和可用性。

1. 意识到数据安全的重要性

数据是信息系统的核心资源，包含了大量的敏感信息和重要数据。意识到数据安全的重要性，可以引导人们正确对待档案数据，加强对数据的保护和管理，有效防范各种安全风险和威胁。

2. 提高数据安全意识

（1）提高保密意识：档案数据中包含了大量的个人隐私和机密信息，如学生个人信息、成绩记录、评价报告等。提高保密意识可以有效保护档案数据的机密性，防止数据泄露和被滥用，维护个人隐私和权益。

（2）强化数据完整性意识：数据完整性是指数据的完整度、正确度和可信度，是衡量数据质量和可靠性的重要指标。强化数据完整性意识可以有效防止数据被篡改、损坏或丢失，确保数据的真实性和可信度。

（3）加强数据可用性意识：数据可用性是指数据能够在需要时被及时获取和使用，是保证数据服务有效性和业务连续性的重要保障。加强数据可用性意识可以有效避免数据被意外删除或损坏，保证数据的及时可用性和业务运行的顺畅性。

（4）营造良好的安全氛围：数据安全意识的提升需要个人和组织的共同努力，通过持续的安全培训和宣传教育营造良好的安全氛围，使每个人都能够自觉地遵守安全规定和制度，共同维护档案数据的安全和稳定。

提高数据安全意识可以使个人和组织更加敏锐地察觉到各种安全威胁和风险，并采取相应的防范措施和安全措施，及时应对和化解安全风险，保障档案数据的安全性和稳定性。

（二）培训内容与方法

加强安全意识培训和教育，提升个人和组织对数据安全的认识和重视程度，才能有效预防和应对各种安全威胁和风险，确保档案数据的安全性、完整性和可用性。有效提升数据安全意识需要设计合适的培训内容和培训方法，使参与培训的个人和组织能够全面了解数据安全的重要性、相关法律法规、安全风险和应对策略等内容，通过培训形成良好的数据安全意识和行为习惯。

1. 培训内容

（1）数据安全概述：培训内容首先应该包括数据安全的基本概念及其重要性，让参与者了解数据安全的意义和价值，引导他们认识到数据安全是每个人和组织的责任和义务。

（2）安全政策与法规：培训还应介绍相关的安全政策、法规和标准，如个人信息保护法、网络安全法等，让参与者了解法律法规对数据安全的要求和规范，明确自己的法律责任和义务。

（3）安全风险和威胁：培训内容还应包括常见的安全威胁和风险，如病毒、木马、钓鱼网站等，让参与者了解安全威胁的类型和特点，提高其识别和防范安全威胁的能力。

（4）安全意识培养：培训还应重点培养参与者的安全意识，包括数据保密意识、数据完整性意识、数据可用性意识等，让他们认识到数据安全是一个系统工程，需要全员参与和共同维护。

（5）安全行为规范：培训还应介绍安全行为规范和操作流程，如密码安全、文件备份、安全访问等，教育参与者如何正确使用和管理数据，减少数据泄露和损坏的风险。

2. 培训方法

（1）讲座和演讲：可以组织专家或安全专家举办讲座和进行演讲，向参与者介绍数据安全的基本知识、案例分析和应对策略，提高他们的安全意识。

（2）案例分析和讨论：可以通过案例分析和讨论的方式，让参与者了解实际的安全事件和事故，分析造成安全问题的原因和教训，加深对数据安全的认识和理解。

（3）培训课程和在线学习：可以设计专门的培训课程和在线学习平台，提供多种形式的学习资源和教学材料，让参与者根据自己的时间和需求自主学习。

（4）模拟演练和实践操作：可以组织数据安全演练和实践操作，模拟安全事件和事故的应对过程，让参与者亲身体验和学习如何正确应对安全问题和风险。

以上培训内容和培训方法的设计和实施可以有效提升参与者的数据安全意识和技能水平，增强他们对数据安全的重视和保护意识，有效防范和化解各种安全威胁和风险，保障档案数据的安全。

二、数据加密与身份认证技术

（一）数据加密技术的原理与分类

数据加密技术是保护数据安全的重要手段之一，它通过对数据进行加密处理，使未经授权的用户无法获取其中的明文信息，从而确保数据在传输和存储过程中的安全性。数据加密技术的原理和分类如下。

1. 原理

数据加密技术的基本原理是通过对数据进行转换或混淆，使其在未经授权的情况下无法被理解或利用。加密的过程涉及两个关键要素：密钥和算法。密钥是用于加密和解密数据的特殊代码，而算法则是密钥在数据上执行的一系列数学运算。

2. 分类

数据加密技术可以根据加密密钥的使用方式、加密算法的类型和加密对象的特点等进行分类，常见的分类包括：

（1）对称加密（Symmetric Encryption）：对称加密使用相同的密钥对数据进行加密和解密。加密和解密使用相同的密钥，因此也被称为单密钥加密。常见的对称加密算法有 DES、AES 等。

（2）非对称加密（Asymmetric Encryption）：非对称加密使用一对密钥进行加密和解密，分别称为公钥和私钥。公钥用于加密数据，私钥用于解密数据。常见的非对称加密算法有 RSA、DSA 等。

（3）哈希加密（Hash Encryption）：哈希加密是一种单向加密技术，它将任意长度的数据转换成固定长度的哈希值，且不可逆。常见的哈希加密算法有 MD5、SHA-1、SHA-256 等。

（4）混合加密（Hybrid Encryption）：混合加密是将对称加密和非对称加密结合起来使用，兼顾了对称加密的高效性和非对称加密的安全性。通常采用非对称加密来加密对称加密所使用的密钥，然后用该密钥对数据加密。

（二）身份认证技术

身份认证技术是指验证用户身份真实性的一种技术手段，通过身份认证可以确认用户是否有权限访问系统或资源。身份认证技术包括以下六种。

（1）用户名和密码认证：这是最常见的身份认证方式之一，用户通过输入用户名和密码来验证身份。系统将用户输入的用户名与密码进行比对，如果匹配则认证成功。这种方式简单易用，但存在密码泄露和被猜测的风险。

（2）双因素认证：双因素认证是指在用户名和密码认证的基础上再增加一种认证因素，如手机验证码、指纹、人脸识别等。用户需要同时提供两种或多种因素才能完成认证，提高了系统的安全性。

（3）单点登录（SSO）：单点登录是一种身份认证技术，用户只需一次登录，即可访问多个相互信任的应用系统，无须重复输入用户名和密码。

SSO 通过在用户登录后颁发令牌，并在其他系统中验证该令牌来实现。

（4）生物特征认证：生物特征认证是通过识别人体生理或行为特征来验证用户身份，如指纹识别、虹膜识别、人脸识别等。由于生物特征具有唯一性和不可伪造性，生物特征认证在安全性方面具有很高的可靠性。

（5）数字证书认证：数字证书认证是通过数字证书来验证用户身份的一种方式。数字证书是由可信的认证机构颁发的，包含了用户的公钥和身份信息，用于证明用户身份的真实性。

（6）OAuth 认证：OAuth 是一种开放标准，可以用于授权第三方应用访问用户资源。OAuth 认证允许用户在不分享用户名和密码的情况下授权第三方应用访问其受保护的资源。

身份认证技术的选择取决于系统的安全需求、用户体验和成本等因素。综合考虑不同的身份认证方法，可以提高系统的安全性和用户友好性。

三、数据备份与恢复策略

（一）数据备份的原则

数据备份是信息系统管理中至关重要的一环，它通过将数据复制到备用存储介质上，以防止数据丢失或被损坏，并为数据恢复提供支持。设计数据备份策略需要遵循以下原则。

（1）定期备份：数据备份应该定期进行，确保备份的数据是最新的，同时备份频率应根据数据的重要性和更新频率进行调整。常见的备份周期包括每日备份、每周备份和每月备份。

（2）多点备份：不同的数据备份应该存储在不同的地点，以防止因单一地点故障导致备份数据丢失。可以选择本地备份和远程备份相结合的方式，确保备份数据的安全性和可靠性。

（3）数据分类备份：根据数据的重要性和敏感程度，将数据进行分类备份。对于关键数据和重要业务数据，应该增加备份频率和存储副本数量，以提高数据的可用性和可靠性。

（4）备份数据验证：在备份完成后，应该对备份数据进行验证，确保备份数据的完整性和可恢复性。可以通过比对备份数据和源数据的哈希值或进行数据校验来验证备份数据的有效性。

（5）灾难恢复计划：制订完善的灾难恢复计划，包括备份数据的恢复流程、恢复时间目标和恢复点目标，以应对各种突发事件和灾难场景，保障系统的持续运行。

（二）数据备份的方法

常用的数据备份方法包括完全备份、增量备份和差异备份等。完全备份是将所有数据全部备份一次；增量备份是只备份自上次备份以来发生变化的数据；差异备份是备份自上次完全备份以来发生变化的数据。不同的备份方法适用于不同的场景和需求，可以根据实际情况选择合适的备份方法。

另外，定期备份和增量备份是两种常见的备份方法，它们在备份策略和数据恢复方面有着不同的特点和应用场景。

（1）定期备份：定期备份是指按照预定的时间间隔对数据进行完全备份，无论数据是否发生变化，都会备份全部数据。定期备份的优点是备份简单、恢复快速，适用于数据量较小或变化频率较低的场景。缺点是备份数据量大，占用存储空间较多，备份周期较长。

（2）增量备份：增量备份是指在上次备份的基础上，只备份自上次备份以来发生变化的数据。增量备份的优点是备份时间短、备份数据量小，节省存储空间和带宽资源。缺点是恢复数据时需要先恢复完整备份，再逐个应用增量备份，恢复时间较长，且恢复过程中容易出现数据丢失或出现错误的情况。

（三）数据恢复策略

数据恢复策略是指在数据丢失或损坏时，如何快速有效地恢复数据并保障系统的正常运行。有效的数据恢复策略需要考虑以下因素：

（1）备份数据恢复流程：制定清晰的备份数据恢复流程，包括备份数据的获取、验证和恢复操作步骤，确保数据恢复过程顺利进行。

（2）恢复时间目标：确定恢复数据的时间目标，即从数据丢失到数据恢复完成所需的时间，以便及时恢复业务操作和服务。

（3）恢复点目标：确定恢复数据的点目标，即数据恢复到达的时间点，通常与备份频率和数据重要性相关。

（4）备份数据验证和测试：定期验证备份数据的完整性和可恢复性，并进行备份恢复测试，以确保备份数据的有效性和可靠性。

（5）应急响应措施：制订应急响应计划，包括灾难恢复流程、应急通知和应急人员调度等，以应对各种突发事件和灾难场景，保障系统的持续运行。

建立完善的数据备份与恢复策略是保障信息系统安全和可用的关键措施，可以有效应对各种数据丢失和灾难事件，确保系统数据的安全可靠。

四、数据安全管理制度与流程

（一）数据安全管理制度的建立与落实

数据安全管理制度是保障高校学生档案数据安全的重要保障，其建立与落实涉及组织架构、管理责任、制度规章等方面，具体包括以下内容。

（1）组织架构：设立专门的数据安全管理部门或委员会，明确数据安全管理的组织结构和职责分工，确保数据安全工作有序开展。

（2）管理责任：明确数据安全管理的主体责任，包括高层领导对数据安全工作的重视和支持、各级管理人员的责任分工以及员工的数据安全意识培养和教育。

（3）制度规章：建立健全的数据安全管理制度体系，包括数据分类管理制度、数据访问控制制度、数据备份与恢复制度、数据安全审计制度等，确保各项管理措施得以落实。

（4）安全培训与教育：开展定期的数据安全培训和教育活动，提高全体员工的数据安全意识和技能，加强对数据安全政策和制度的宣传和培训。

（5）监督检查与评估：建立数据安全管理的监督检查机制，定期开展数据安全风险评估和安全检查，发现问题及时整改，不断完善和优化数据安全管理制度。

（二）数据安全流程的设计与优化

数据安全流程的设计与优化是确保数据安全管理制度落实的重要环节，

主要包括以下内容。

（1）数据流程分析：对高校学生档案数据的生成、收集、存储、传输、处理和销毁等环节进行全面的流程分析，了解数据的流动和变化过程。

（2）安全流程设计：根据数据流程分析的结果，设计符合数据安全要求的安全流程，包括数据访问控制流程、数据备份与恢复流程、数据安全审计流程等。

（3）流程优化与改进：不断优化和改进数据安全流程，提高数据安全管理的效率和可靠性，采用自动化工具和技术手段，简化流程操作和管理流程。

（三）数据安全风险评估与管理

数据安全风险评估与管理是保障数据安全的重要措施，主要包括以下内容。

（1）风险识别与评估：对高校学生档案数据安全面临的各种风险进行识别和评估，包括技术风险、人为风险、自然灾害风险等。

（2）风险控制与治理：根据风险评估结果制定相应的风险控制和治理措施，包括技术控制、管理控制和制度控制等，降低数据安全风险的发生概率和影响程度。

（3）应急响应与处理：建立完善的数据安全应急响应机制，及时应对各种突发事件和安全漏洞，最大限度地减少数据安全事件对学校的影响。

建立健全的数据安全管理制度和流程，加强数据安全风险评估和管理，是保障高校学生档案数据安全的关键举措，对于确保学生档案数据的保密性、完整性和可用性具有重要意义。

第三节　典型案例

目前市场上比较具有竞争力、应用较为广泛的档案管理软件有北京清华紫光开发的 TH-AMS 紫光电子档案管理系统和南京大学档案馆开发的"南大之星"档案管理系统（以下分别简称"紫光档案""南大之星"），本书谨选取这两款软件作为典型案例进行档案管理软件应用分析。

一、紫光档案

随着信息化时代的到来，各行各业都在积极推进数字化转型，档案管理领域也不例外。紫光档案在实际应用中被验证取得了显著的成效。本案例将对该系统进行全面的分析与评价，包括系统概述与功能特点、体系结构、建设过程与实施经验、应用效果。

（一）系统简介

紫光档案是由清华紫光电子档案事业部开发的一款电子档案管理软件，自 2000 年推出以来，其得到了国家档案局和中国档案学会的推荐使用。该系统集成在高校的办公系统中，是一个功能强大、适应能力较强的档案管理信息平台，具有强大的网络功能和系统扩展能力，拥有档案信息管理平台、用户界面生成器、批量挂接、多文件浏览器、数据加密、通用数据转换、通用报表生成器、在线 OCR 汉字识别等技术，系统支持多种归档文件整理方式、多全宗管理、跨库检索查询等功能，并实现了与全文检索、双层 PDF/SEP、数据交换、图形图像处理、流文件浏览等技术的集成。

（二）功能特点

紫光档案系统具有以下突出特点。

（1）操作简单：功能模块布局采用通用的 F 型结构，操作简单方便，所有功能在同一个界面下显示，档案数据的结构和操作一目了然。

（2）一体化管理：实现文档一体化管理，与 OA 业务系统无缝连接，自动采集大量电子文件。

（3）全面自动化管理：实现档案业务的全面自动化管理，支持多全宗管理模式，满足不同全宗设置实体分类的需要。

（4）网络应用功能强大：采用 B/S 和 C/S 混合方式满足工作需求，标准化程度高，遵循国内外相关电子档案管理标准。

（5）系统安全可靠：通过用户角色权限设置，明确各级人员管、查、阅档（文）范围。

（三）系统体系结构

紫光档案系统逻辑结构由信息采集、档案管理、档案开发利用、系统设置与维护四个部分构成。信息采集部分完成高校多个渠道的数据采集工作，档案管理部分完成档案数据管理和统计等工作，档案开发利用部分完成档案信息资源的研究开发工作，系统设置与维护部分完成各种数据维护工作和权限管理等。系统体系结构示意图如图4-1所示。

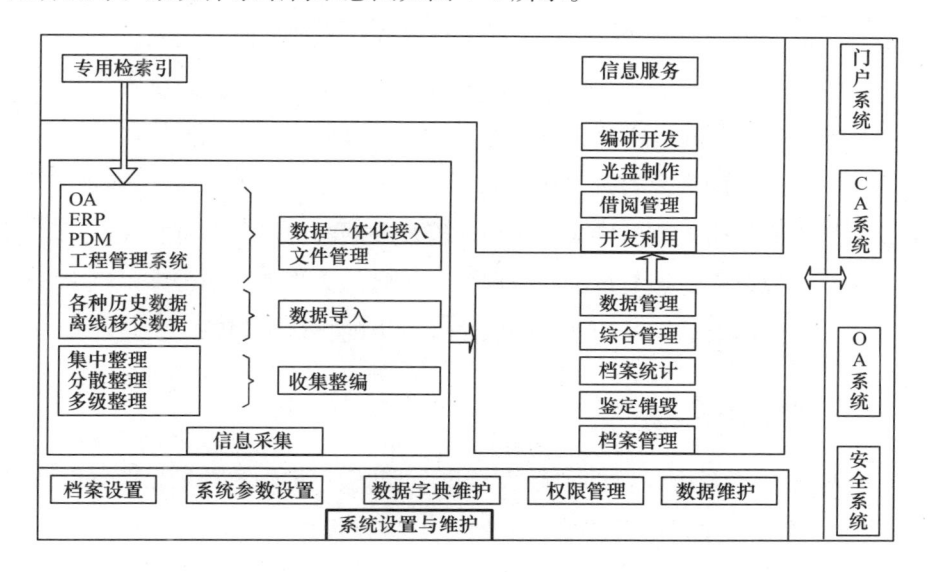

图4-1 系统体系结构示意图

（四）建设过程与实施经验

紫光档案系统的建设过程经历了以下四个阶段。

（1）需求调研与分析：高校在决定采用紫光档案系统之前，对现有档案管理工作进行了调研与分析，确定了系统建设的需求和目标。

（2）系统选型与采购：高校在明确需求的基础上进行市场调研，选择了紫光档案系统。

（3）系统部署与实施：系统引入后，高校进行了系统部署和实施工作，包括硬件设备的配置、软件的安装和调试等。

（4）用户培训与推广：为了确保系统顺利运行，高校对员工进行了系统培训和指导，并积极推广系统的使用。

（五）应用效果

经过一段时间的使用，紫光档案系统在高校取得了显著的应用效果。

（1）提高工作效率：紫光档案系统的使用大大提高了档案管理工作的效率，节省了大量的工作时间和精力，减少了重复劳动。

（2）便捷的档案检索：系统支持多种检索方式，包括全宗类检索、跨全宗检索、快捷检索和全文检索，使档案信息检索更加便捷、高效。

（3）安全可靠的档案管理：系统通过严格的用户角色权限设置，确保了档案数据的安全性和机密性，有效防止了档案数据的泄露和损坏。

（4）规范化的档案管理：系统遵循了国内外相关的电子档案管理标准，形成了标准化的档案数据格式，提高了档案数据的可信度和可用性。

总的来说，紫光档案系统的应用为高校的档案管理工作带来了巨大的改善和提升，为高校的运营和发展提供了强有力的支持和保障。

二、南大之星

南京大学档案馆开发的"南大之星"档案管理软件，由南京中坦科技有限公司进行市场推广并提供售后服务，旨在提供高品质的售后支持。该软件提供了多个版本，包括高校版、中学版、企业版和机关版等，以满足不同行业的需求。该系统采用纯 B/S 结构，无需安装客户端软件，操作简便，维护方便，安全可靠，功能齐全。下面对该系统进行详细介绍和分析。

（一）系统简介

南京大学的"南大之星"档案管理软件是基于 B/S 结构设计的，用户只需在浏览器中输入系统的 IP 地址或域名即可访问。该系统运行在 Windows 服务器环境下，需要 Windows 2000 Advanced Server 或更高版本、Internet Information Server（IIS）5.0 版或更高版本、Windows Media Server 和 SQL Server 2000 数据库等支持软件。由于档案馆的局域网与校园网和其他外网隔离，系统的安全性得到加强，提高了数据的安全性。

（二）系统特点

（1）远程录入档案信息：可实现档案信息的远程录入，方便了工作人员的操作。

（2）功能细化：系统功能细化到收发文管理及多媒体档案管理，可以满足不同需求。

（3）著录规范：信息录入与输出的格式标准规范，完全依照国家档案著录规则来设定，提高了数据的标准化程度。

（4）安全机制：采用三个方面的安全机制保证系统的安全性及可靠性，包括身份认证、权限控制和数据加密等。

（5）办公自动化系统接口：可与办公自动化系统交换数据，实现了档案管理与办公流程的无缝连接。

（6）适用性广泛：非常适合高校档案馆使用，可满足不同档案管理需求。

（三）系统应用

1. 简单对比

对比 C 大学和 D 大学使用的档案管理系统，发现其在界面设计上有所不同，体现了商业化档案管理软件的个性化定制特点。两个系统的功能基本相同，但在界面设计和布局上有所差异，适应了不同用户的操作习惯。

2. 重要功能模块介绍

（1）创建数据库：可创建新的档案表并对表内信息进行编辑和管理。

（2）档案著录：提供完整的档案著录功能，包括添加档案信息、挂接全文和管理电子档案等。

（3）档案整理：提供数据合并、文件整理和目录调整等功能，提高了档案整理效率。

（4）档案查询：提供综合查询和表内查询两种接口，可以满足不同查询需求。

（5）档案借阅：分为实体借阅和电子文件借阅两种形式，实现了档案借阅流程的自动化管理。

(四)应用情况分析

南京大学"南大之星"档案管理软件经过多年的开发和优化,在档案管理的基本功能上已基本满足了学校档案馆的需求,但在高级功能方面仍存在一些问题,需要进一步改进和完善。比如在统计档案数据时容易出现乱码或错误,全文检索可能导致系统瘫痪等。这些问题可能与数据库存储结构、服务器性能等因素有关。

综上所述,"南大之星"档案管理软件在南京大学档案管理工作中发挥了重要作用,虽然在一些高级功能上仍有待改进,但通过不断优化和完善,相信其将为使用该系统的高校提供更加高效、便捷的服务。

第五章　高校学生档案管理与信息化发展

第一节　高校学生档案管理信息化的重要性

一、信息化背景下的高校学生档案管理

随着信息技术的快速发展和普及，信息化已经深刻影响了各行各业，包括高校学生档案管理。信息化的概念可以理解为利用信息技术手段来管理、处理、传输和应用信息资源的过程。这些信息技术包括计算机、互联网、移动通信、大数据、人工智能等，它们的不断进步和应用使信息化在各个领域都发挥着重要作用。

信息化背景下的社会特征包括数字化、网络化、智能化和开放性等。数字化意味着信息以数字形式存储和处理，使信息可以更加方便地传输和管理。网络化则使信息可以通过网络进行传输和共享，无论是在校园内还是跨校区、跨地域的信息共享都变得更加便捷。智能化技术的应用使信息处理更加高效、智能化，能够更好地满足用户的需求。开放性则意味着信息资源的共享和开放，促进了信息的交流和共享，推动了信息化进程的不断深化和完善。

二、信息化对高校档案管理的重要作用

（一）提升高校学生档案管理效率与质量

1. 信息化技术对档案管理效率的提升作用

在信息化背景下，高校学生档案管理迎来了新的发展机遇，信息化技术

的应用为档案管理效率的提升提供了重要支持和保障。

（1）自动化数据处理：传统的纸质档案管理需要大量的人力和时间来完成数据的录入、整理和更新工作，效率较低。而信息化技术可以实现档案数据的自动化处理，通过电子系统自动采集、录入和处理数据，大大减少了人力成本和时间消耗，提高了处理效率。

（2）快速检索与查询：信息化系统为学生档案管理提供了快速的检索与查询功能。教职员工可以通过系统进行关键词检索或者条件查询迅速找到所需的档案信息，而不再需要翻阅大量的纸质档案，节省了大量的时间和精力。

（3）实时更新与同步：信息化系统可以实现学生档案信息的实时更新和同步。无论是学生个人信息的变动还是学习成绩的更新，都可以在系统中自动实时更改，确保了档案信息更新的及时性和准确性。

（4）电子化存储与共享：信息化技术实现了学生档案的电子化存储和共享。通过建立电子档案库，可以大大节省纸质档案的存储空间，同时实现了不同部门之间和不同校区之间的档案信息共享和交流，提高了信息利用效率。

（5）流程优化与协同办公：信息化系统可以对学生档案管理流程进行优化和整合，实现信息的一体化管理。同时，系统可以实现教职员工的协同办公，不同岗位的工作人员可以在同一系统平台上协同工作，提高了工作效率和协作效果。

信息化技术的应用极大地提升了高校学生档案管理的效率，实现了档案管理工作的数字化、自动化和智能化，为高校管理提供了强有力的支持和保障。随着信息化技术的不断发展和应用，高校学生档案管理的效率将进一步提升，为高校管理的现代化发展注入新的动力。

2. 信息化管理对档案质量控制的影响和意义

信息化管理在高校学生档案管理中的应用不仅提高了其工作效率，还对档案质量的控制起到了至关重要的作用。以下是信息化管理对档案质量控制的影响和意义。

（1）准确性提升：通过信息化管理系统，学生档案信息可以进行统一的录入、存储和管理，减少了人为因素对档案数据的影响。自动化的数据录入和处理过程可以降低人为错误的发生概率，从而提高了档案信息的准确性。

（2）完整性保障：信息化管理系统能够实现学生档案信息的完整记录和管理。每一位学生的所有相关信息都能够被系统完整地记录和存储，包括个人基本信息、学习成绩、奖惩记录等。这样能够确保档案信息的完整性，避免信息被遗漏或丢失。

（3）及时性保障：信息化管理系统可以实现学生档案信息的实时更新和同步，保障了档案信息的及时性。无论是学生个人信息的变动还是学业成绩的更新，都能够在系统中及时反映，确保了档案信息的及时更新。

（4）安全性增强：信息化管理系统能够提高学生档案信息的安全性。密码加密、权限控制等安全措施的采用保障了档案信息的安全性和机密性，可以防止档案信息被非法获取、篡改或泄露。

（5）可追溯与审查：信息化管理系统可以实现档案信息的追溯和审查。所有的档案操作和修改记录都能够被系统追踪和记录，保障了档案信息的可追溯性和可审查性，有效防止了信息的被篡改和滥用。

信息化管理对高校学生档案管理的质量控制具有重要的影响和意义。信息化管理系统的应用可以提高档案信息的准确性、完整性、及时性和安全性，同时保障了档案信息的可追溯性和可审查性，为高校学生档案管理质量的提升提供了有力支持。

（二）促进高校教务管理与服务水平的提升

1.信息化档案管理对教务管理工作的支持与促进

信息化档案管理在高校教务管理中发挥着重要的支持和促进作用，对提升教务管理与服务水平具有显著的影响，具体体现在以下五个方面。

（1）高效管理课程信息：信息化档案管理系统可以对课程信息进行统一管理和维护。教务管理人员可以通过系统实时查看各学期的课程安排、教学计划和课程内容，方便、快捷地进行课程调整和排课安排，提高了教务管理工作的效率和准确性。

（2）精确管理学生成绩：信息化档案管理系统能够精确记录和管理学生的学习成绩信息。教务管理人员可以通过系统查看学生的考试成绩、学分情况等信息，及时发现学生成绩异常或者学业进展情况，为学生提供个性化的学业指导和支持，从而提升了教务服务的质量和效果。

（3）便捷管理学籍信息：信息化档案管理系统能够便捷地管理学生的学籍信息。教务管理人员可以通过系统查询学生的入学资格、学籍变动情况等信息，方便、快捷地进行学籍审查和管理，保障了学籍信息的准确性和完整性。

（4）优化教学资源配置：信息化档案管理系统可以帮助教务管理人员对教学资源进行科学、合理的配置和利用。通过系统分析和评估教学资源的利用情况，及时调整教学资源的配置，优化教学资源的利用效率和质量，提升了教学服务的水平和效果。

（5）提升教务服务质量：信息化档案管理系统提高了教务管理的工作效率和水平，从而提升了教务服务的质量。教务管理人员可以通过系统更加及时、准确地处理各类教务事务，为师生提供更加便捷、高效的教务服务，满足了师生的需求，提升了教学和管理水平。

信息化档案管理对高校教务管理工作的支持与促进作用明显，有助于提升教务服务水平，提高教学管理的效率和质量，为高校教育教学事业的发展提供有力保障。

2. 信息化档案管理对学生服务质量的改善和提升

在高校教务管理中，信息化档案管理系统对学生服务质量的改善和提升起到了重要作用，具体体现在以下五个方面。

（1）便捷的学籍管理：信息化档案管理系统使学生的学籍管理更加便捷。学生可以通过在线平台轻松查看自己的学籍信息，包括入学时间、专业信息、学习进度等，避免了烦琐的线下咨询和查询流程，提高了学生的满意度。

（2）个性化的学业指导：信息化档案管理系统可以根据学生的学习记录和成绩数据，为学生提供个性化的学业指导和支持。系统可以分析学生的学习情况，为学生提供针对性的课程建议、学习计划和就业指导，帮助学生更好地规划和管理自己的学业生涯，提升学习效果和就业竞争力。

（3）快速的教学资源获取：通过信息化档案管理系统，学生可以快速获取教学资源，包括课程资料、教学视频、课件等。学生可以随时随地通过网络平台获取所需的教学资源，提高了学习的灵活性和效率，丰富了学习方式和手段，有助于提升学生的学习动力和积极性。

（4）便捷的选课与退课流程：信息化档案管理系统简化了学生的选课与退课流程。学生可以通过在线平台进行选课和退课操作，无须排队等候，大大节省了学生的时间和精力。同时，系统可以实时更新选课情况和课程安排，避免了选课冲突和信息不及时的问题，提高了选课的公平性和透明度。

（5）个性化的学生服务：信息化档案管理系统可以为学生提供个性化的服务。系统可以根据学生的个人信息和学习情况，为学生提供定制化的服务，包括课程推荐、学习辅导、就业指导等。这种个性化的服务能够更好地满足学生的需求，提升了学生的满意度和忠诚度。

信息化档案管理系统对学生服务质量的改善和提升具有重要意义。通过便捷的学籍管理、个性化的学业指导、快速的教学资源获取、便捷的选课与退课流程以及个性化的学生服务，系统为学生提供了更加便利和高效的学习服务，改善了学生的学习体验，促进了学生的学习成长和发展。

（三）加强高校内部管理和外部合作的基础支撑

1. 信息化档案管理在高校内部管理中的作用和意义

信息化档案管理在高校内部管理中扮演着重要的角色，其作用和意义主要体现在以下五个方面。

（1）提高管理效率：信息化档案管理系统能够大大提高高校内部管理的效率。通过数字化存储和管理学生档案信息，管理人员可以更加便捷地查阅和处理档案资料，节省了大量的时间和人力成本。此外，系统能够自动化执行一些常规的管理任务，如学籍注册、成绩录入等，进一步提高了管理效率。

（2）优化资源配置：信息化档案管理系统可以帮助高校更加科学地进行

资源配置。通过对学生档案数据的分析和挖掘，管理人员可以了解学生的学习情况、兴趣爱好、就业意向等信息，从而更好地安排教学资源、辅导资源和就业资源，满足学生的个性化需求，提高资源利用效率。

（3）加强监管和评估：信息化档案管理系统为高校提供了更加全面和精准的监管和评估手段。系统可以实时监测学生的学习情况和表现，及时发现和解决问题，保障教学质量和学生权益。同时，系统还能够生成各类报表和数据分析，为高校管理决策提供科学依据和参考。

（4）增强信息安全性：信息化档案管理系统能够有效保障学生档案信息的安全性。通过权限控制和加密技术，系统可以确保只有授权人员才能查看和修改档案信息，防止信息泄露和被篡改。此外，系统还能够对档案数据进行定期备份和存档，确保数据的完整性和可用性。

（5）促进高校内部协同：信息化档案管理系统促进了高校内部各部门之间的协同工作。不同部门可以共享学生档案信息，实现信息共享和资源整合，避免了信息孤岛和数据冗余，提高了工作效率和协同能力。这有利于高校构建协同共赢的管理机制，推动高校内部管理的现代化和智能化发展。

信息化档案管理在高校内部管理中发挥着重要作用，能够提高管理效率、优化资源配置、加强监管和评估、增强信息安全性以及促进高校内部协同，为高校内部管理工作提供有力支撑和保障。

2. 信息化档案管理对高校与外部机构合作的支持和保障

在信息化时代，高校与外部合作机构的合作日益频繁，而信息化档案管理系统的应用为此提供了支持和保障，具体体现在以下五个方面。

（1）便捷的信息共享与交流：信息化档案管理系统可以实现高校与外部合作机构之间的信息共享和交流。通过系统平台，高校可以将学生档案信息和相关资料以电子化形式提供给合作机构，实现信息的快速传递和共享。这样，合作机构便能及时获取到所需的学生信息，提高合作效率，为合作项目的顺利开展提供保障。

（2）提高合作效率与准确性：信息化档案管理系统能够提高高校与外部合作机构的合作效率和准确性。合作机构可以通过系统快速查询和获取所需的学生档案信息，无须进行烦琐的手工搜索和整理，节省了大量的时间和人力成本。同时，系统的数据准确性和完整性也能够保证其所获取信息的可靠性，避免了因信息不准确或不完整而导致的合作风险。

（3）加强合作机构信任与合作基础：信息化档案管理系统的应用能够加强合作机构对高校的信任和两者之间的合作基础。合作机构可以通过系统了解高校档案管理工作的科学性和规范性，信任高校提供的学生档案信息的真实性和可靠性。这有利于建立长期稳定的合作关系，促进双方的合作共赢。

（4）保障信息安全与隐私保护：信息化档案管理系统为高校与外部合作机构的合作提供了信息安全与隐私保护的保障。系统采用严格的权限控制和加密技术，确保只有授权人员才能访问和操作档案信息，防止信息泄露和非法使用。这有助于提升合作机构对高校档案管理系统的信任度，促进合作机构的合作积极性。

（5）促进合作项目的顺利开展：信息化档案管理系统的应用为高校与外部合作机构合作项目的顺利开展提供了基础支撑。合作机构能够更加便捷地获取所需的学生档案信息，从而更好地开展合作项目，提高项目的执行效率和成果质量。这有助于推动合作项目的顺利开展和实现合作目标。

信息化档案管理对高校与外部合作机构的支持和保障至关重要，能够实现信息共享与交流、提高合作效率与准确性、加强合作机构信任与合作基础、保障信息安全与隐私保护以及促进合作项目的顺利开展，为高校与外部合作机构之间的合作提供有力的支持和保障。

（四）推动高校档案资源共享与开放

1.信息化档案管理为实现档案资源共享提供机制和方式

在信息化时代，高校档案资源共享和开放具有重要意义，而信息化档案管理系统的应用为实现档案资源共享提供了有效的机制和方式，具体体现在以下六个方面。

（1）建立统一的档案管理平台：通过信息化档案管理系统，可以建立统一的档案管理平台，将各个学院、部门和单位的档案资源集中整合到一个平台上进行统一管理。这样的统一平台能够实现档案资源的集中存储、统一管理和便捷检索，为档案资源共享打下基础。

（2）制定档案资源共享政策与规定：针对信息化档案管理系统的应用，高校可以制定档案资源共享的政策和规定，明确各个单位和个人的档案资源共享义务和权利。这包括档案资源的共享范围、共享方式、权限控制等内容，以确保档案资源的合理利用和保护。

（3）建立档案资源共享机制：高校可以建立档案资源共享的机制，包括共享协作机制、共享流程和共享服务机制等。通过制定共享协议和流程，明确各个单位和个人在档案资源共享过程中的责任和义务，保障共享活动的顺利开展。同时，建立共享服务机制可以为教职员工和学生提供便捷的档案资源共享服务。

（4）搭建数字化档案资源平台：高校可以搭建数字化档案资源平台，将纸质档案和电子档案进行数字化处理和整合，实现档案资源的数字化存储和在线访问。这样的数字化档案资源平台可以为教职员工和学生提供便捷的档案资源检索和利用服务，促进档案资源的共享和开放。

（5）加强档案资源共享意识和培训：高校可以加强档案资源共享意识的宣传和培训，提高教职员工和学生对档案资源共享的认识和理解。通过举办培训活动、开展宣传教育，引导大家树立共享意识，增强档案资源共享的自觉性和积极性。

（6）建立监督和评估机制：为了确保档案资源共享的顺利开展和有效运行，高校应建立相应的监督和评估机制，对档案资源共享的实施情况进行监督和评估。这包括定期对档案资源共享活动进行检查和评估，及时发现问题并采取相应措施加以解决，确保档案资源共享的持续健康发展。

信息化档案管理系统的应用为推动高校档案资源共享与开放提供了重要的机制和方式，包括建立统一的档案管理平台、制定共享政策和规定、建立共享机制、搭建数字化档案资源平台、加强共享意识和培训以及建立监督和评估机制等，为实现高校档案资源的共享和开放奠定了基础。

2.信息化档案管理推动档案资源开放与利用的策略和措施

信息化档案管理在推动档案资源开放与利用方面发挥着关键作用，以下是一些策略和措施。

（1）建立开放共享机制：高校可以建立开放共享机制，制定相关政策和规定，明确档案资源的开放范围、开放条件和开放方式。通过建立开放共享机制，鼓励教职员工和学生主动分享自己的档案资源，促进档案资源的广泛开放与利用。

（2）开发共享平台与资源库：建立数字化档案资源平台和在线资源库，为教职员工和学生提供便捷的档案资源获取和利用服务。这些平台和资源库应当具有良好的用户界面和搜索功能，方便用户检索和浏览，从而促进档案资源的开放与利用。

（3）加强版权管理和保护：在推动档案资源开放与利用的过程中，必须加强版权管理和保护工作，确保档案资源的合法使用和传播。高校应制定相关的版权政策和措施，加强对档案资源的版权保护和监督，防止未经授权的侵权行为发生。

（4）提供开放式教育资源：利用信息化档案管理系统，开发和提供丰富多样的开放式教育资源，包括课件、讲义、视频等，为教学和学习提供支持。这些开放式教育资源可以在教学活动中被广泛应用，促进教学效果的提升和学生能力的培养。

（5）开展档案资源开放活动：高校可以开展各种形式的档案资源开放活动，包括档案资源展览、讲座、研讨会等，向社会公众和学校内部人员展示档案资源的丰富性和重要性，提升大家对档案资源开放与利用的认识和意识。

（6）建立开放式合作机制：高校可以与其他机构和组织建立开放式合作机制，共享和交换档案资源。通过开展开放式合作，高校可以获得更多的档案资源，丰富自己的档案资源库，同时也可以将自己的档案资源共享给其他机构和组织，实现资源共享和互利共赢。

（7）加强用户培训和服务：为了提升档案资源的开放与利用效率，高校应加强用户培训和服务工作，培养教职员工和学生的档案资源利用能力，提供便捷的咨询和技术支持服务，帮助用户更好地利用档案资源进行教学、研究和学习。

通过上述策略和措施，可以利用信息化档案管理有效推动档案资源的开放与利用，促进档案资源的广泛共享和有效利用，为高校教学、科研和管理工作提供更好的支持和保障。

第二节 信息技术在高校学生档案管理中的应用及影响

一、信息技术在高校学生档案管理中的应用

（一）数字化档案管理系统

数字化档案管理系统是在高校学生档案管理中应用的重要信息技术之一，其基本架构和功能对于提高管理效率、加强信息共享和保障档案安全具有重要意义。以下是数字化档案管理系统的基本架构和功能。

（1）数据采集模块：包括学生个人信息、学籍信息、课程成绩、奖惩情况等数据的采集，可通过学校内部系统、扫描仪、数据导入等方式实现。

（2）数据存储与管理模块：将采集到的数据进行存储和管理，包括建立学生档案数据库、归档存储、权限管理等功能，确保数据的安全和完整。

（3）查询与检索模块：提供多种查询和检索方式，支持按学号、姓名、身份证号等关键词进行检索，以及按照学年、专业、班级等条件进行筛选，方便用户快速查找和获取所需档案信息。

（4）信息共享与交流模块：提供信息共享和交流平台，支持学生、教师、管理员等多种角色的用户进行信息交流和共享，包括通知公告发布、在线沟通、文件共享等功能，提高信息传递效率。

（5）安全与权限管理模块：设计安全性较高的权限管理机制，区分不同用户角色的权限，保护档案信息的安全和隐私，防止未经授权的访问和修改。

（6）数据分析与报表模块：提供数据分析和报表生成功能，对学生档案数据进行统计分析，生成各类报表和统计图表，为学校决策提供数据支持。

(二)云端存储技术

云端存储技术是指将数据存储在远程服务器上,并通过网络进行访问和管理的技术。在高校学生档案管理中,云端存储技术具有诸多优势,具体如下。

(1)灵活性与便捷性:云端存储技术使学生档案数据可以随时随地被访问和管理,无须局限于特定的设备或地点。学生、教师和管理人员可以通过网络,使用任何终端设备(如电脑、平板电脑、手机)访问学生档案信息,从而实现信息的实时共享和便捷查阅。

(2)安全性与可靠性:云端存储技术通过数据加密、权限控制和备份等手段,保障了学生档案数据的安全性和可靠性。学校可以借助专业的云服务提供商,建立安全、可靠的云端存储系统,确保档案数据不会丢失、泄露或被篡改,提高了数据的保密性和完整性。

(3)扩展性与容量:云端存储技术具有很高的扩展性和很大的容量,可以根据学校档案数据的增长需求进行灵活调整。学校无须购置大量的硬件设备和服务器空间,只按需购买云端存储服务即可,降低了硬件投资和维护成本。

(4)协作与共享:云端存储技术还支持多用户协作和共享档案数据的功能。学校可以设定不同的权限级别,授权不同的用户访问和管理档案信息,实现了信息共享和团队协作的便利性。

(三)移动端应用

移动端应用是指针对移动终端设备(如智能手机和平板电脑)开发的应用程序,它在高校学生档案管理中发挥着重要作用,具有以下便利性和实用性。

(1)随时随地访问:移动端应用可以让学生和教职员工随时随地访问学生档案信息,无须受限于时间和地点。无论是在校内还是在校外,只要有网络连接,就可以通过移动设备获取档案数据,方便了学生和教职员工的信息获取和应用。

(2)便捷查询和管理:移动端应用提供了便捷的查询和管理功能,用户可以通过简单的操作实现对档案信息的快速检索、查阅和更新。例如，学生可以通过移动端应用查看自己的成绩单、课程安排和学籍信息，教师可以通过移动端应用录入学生的考勤和评价等信息，从而提高了管理效率和服务质量。

（3）个性化定制和交互体验：移动端应用通常具有个性化定制和交互体验的特点，用户可以根据自己的需求和喜好，设置个性化的档案信息展示和管理方式。同时，移动端应用还支持多种交互方式，如触摸、手势、语音等，让用户体验更加丰富和便捷。

二、信息化对高校学生档案管理的影响

（一）对管理制度的影响

随着信息化技术的发展和应用，高校学生档案管理正经历着从传统纸质档案向数字化档案的转型。这种数字化转型对管理制度产生了深远的影响。

（1）数据存储和检索效率的提高：传统纸质档案管理制度往往依赖人工处理和存储，工作效率低下且易出现数据丢失或损坏的情况。而数字化档案管理利用信息技术手段，将档案数据以电子形式存储于计算机系统中，极大地提高了数据存储和检索的效率。通过简化和自动化的信息检索工具，工作人员可以更快速地查找和获取所需信息，从而提高了管理制度的执行效率。

（2）数据共享与协同办公：数字化档案管理系统为不同部门之间的数据共享和协同办公提供了便利。传统的纸质档案管理往往造成信息孤岛，不同部门之间难以共享档案信息。而数字化档案管理系统通过建立统一的档案数据库和共享平台，实现了跨部门数据的共享和协同办公，提高了管理制度的整体协调性和一体化程度。

（3）信息安全与风险控制：数字化档案管理虽然带来了诸多便利，但也面临着信息安全和数据风险的挑战。管理制度需要加强对档案信息的保护和安全管理，采取严密的权限控制、数据加密和备份等措施，防范信息泄露、被篡改和丢失的风险，保障学生档案信息的安全和完整。

（二）对档案管理流程和规范的影响

信息化技术的应用不仅改变了档案管理的方式，对档案管理流程和规范也产生了影响。

（1）流程优化与标准化：信息化技术为档案管理提供了更加科学和规范的流程和操作模式。通过引入自动化和智能化的管理工具，可以优化档案管理的流程，简化操作步骤，提高工作效率。同时，可以制定和实施更加严格和规范的档案管理制度，明确各项操作的标准和要求，提高管理的科学性和规范性。

（2）实时监控和反馈：信息化技术使档案管理过程变得可视化和实时化。管理人员可以通过系统实时监控档案管理的进展和情况，及时发现和解决问题。同时，系统可以提供数据分析和反馈功能，为管理决策提供科学依据，促进档案管理的持续改进和提升。

（三）对传统管理制度的改变和革新

电子化档案管理的引入对传统管理制度带来了深刻的改变和革新，具体表现在以下四个方面。

（1）工作流程重构与优化：传统的纸质档案管理往往依赖于手工处理和存储，流程烦琐、效率低下。而电子化档案管理采用了自动化、数字化的技术手段，重新设计了工作流程，将原本繁复的操作简化为一系列电子化流程。例如，通过电子表格、数据库和管理软件等工具，实现了档案信息的录入、存储、检索和更新等各个环节的自动化和智能化，从而大大提高了工作效率和质量。

（2）信息共享与协同办公：传统的纸质档案管理往往存在信息孤岛和部门壁垒的问题，不同部门之间难以共享档案信息，工作协同效率低下。而电子化档案管理通过建立统一的数字化档案系统和平台，实现了档案信息的共享和互通。各个部门可以通过网络平台实时共享档案信息，实现跨部门的信息交流与协同办公，提高了管理的整体协调性和一体化程度。

（3）数据可视化与实时监控：传统的纸质档案管理往往存在信息不透明和监控困难的问题，管理人员难以了解档案管理的进展和情况。而电子化档案管理系统提供了数据可视化和实时监控的功能，管理人员可以通过系统实时监控档案管理的进展和情况，了解各项工作的执行情况和效果。通过数据分析和统计功能，管理人员可以快速获取所需信息，及时发现问题并采取相应的措施，从而提高了管理的科学性和及时性。

（4）信息安全与风险控制：电子化档案管理虽然带来了诸多便利，但也带来了信息安全和数据风险的挑战。传统的纸质档案管理相对封闭，信息被泄露的风险相对较低，而电子化档案管理面临着网络攻击、数据泄露等安全威胁。因此，管理部门需要加强对档案信息的保护和安全管理，采取严密的权限控制、数据加密、备份和灾备等措施，防范信息泄露、被篡改和丢失的风险，保障学生档案信息的安全和完整。

第三节　高校学生档案管理信息化带来的挑战及其应对策略

高校学生档案管理的信息化带来了诸多便利和效率提升，但同时也面临着技术更新与人才培养等挑战。高校需要采取一系列措施来应对这些挑战，以适应信息化发展的需要，保障学生档案管理工作的顺利进行。

一、技术更新与人才培养挑战及其应对策略

随着信息化技术的迅速发展和更新换代，高校学生档案管理面临着技术更新与人才培养方面的挑战。新技术的不断涌现和更新对档案管理工作提出了更高的要求，其需要具备新技术应用能力的专业人才，同时也需要不断提升现有档案管理人员的技能水平和专业素养。以下是针对技术更新与人才培养挑战的应对策略。

（1）不断学习和适应新技术：档案管理人员需要不断学习和掌握新技术，包括但不限于区块链、人工智能、大数据等，以应对信息化发展带来的新挑战。学校可通过组织内部培训、参加行业会议、邀请专家讲座等方式，为档案管理人员提供学习新技术的机会和平台。

（2）加强技术人才引进和培养：学校可以积极引进具有信息化背景和技术专长的人才，弥补现有档案管理团队在信息技术方面的不足。同时，加强对在职档案管理人员的技术培训，提升他们的信息化技能水平和应用能力，以适应新技术的发展和应用。

（3）建立与企业合作的人才培养机制：学校可以与企业合作，通过共建实习基地、开展联合培养项目等形式，培养具有实践能力和创新精神的档案管理人才。通过与企业的合作，档案管理人员可以接触到最新的信息化技术和管理模式，提高自身的竞争力和适应能力。

（4）建立专业化人才培养课程体系：设计并实施针对档案管理领域的专业化人才培养计划和课程体系，包括信息化技术在档案管理中的应用、数据分析与处理、信息安全管理等方面的培训内容，培养出一批具有丰富实践经验和专业知识的高素质档案管理人才。

（5）提高档案管理人员的综合素质：其不仅需要具备信息技术方面的专业知识和技能，还需要具备较强的沟通能力、团队协作能力、问题解决能力等综合素质。学校可以通过开展岗位培训、举办技能竞赛、设立奖励机制等方式，全面提升档案管理人员的综合素质。

（6）鼓励创新与实践：学校可以设立档案管理创新项目，鼓励档案管理人员积极探索和应用新技术，开展创新性的档案管理工作。即通过创新实践，不断提升档案管理人员的专业水平和创新能力，促进档案管理工作向更高水平迈进。

（7）加强跨学科交叉培养：档案管理作为一个综合性的学科，需要涉及信息技术、法律、管理学等多个领域的知识。因此，学校可以加强跨学科交叉培养，培养具有多方面知识背景和能力的档案管理人才，更好地适应信息化时代的需求和挑战。

二、制度适应与规范建设挑战及其应对策略

随着信息化技术的快速发展和应用，高校学生档案管理面临着制度适应与规范建设方面的挑战。传统的档案管理制度往往无法完全适应信息化时代

的要求，因此需要对现有制度进行调整和完善，建立符合信息化发展需要的规范和制度体系。以下是针对制度适应与规范建设挑战的应对策略。

（1）制度更新与完善：针对信息化档案管理的新需求，学校应不断更新和完善相关管理制度，确保其与信息化技术的发展保持同步。这包括制定新的档案管理规章制度和操作规范，明确信息化档案管理的各项流程、责任和权限，以适应信息化发展的需要。

（2）强化信息化档案管理制度建设：学校应建立健全信息化档案管理制度，明确档案管理的组织架构、职责分工、管理流程等，确保信息化档案管理工作有序进行。同时，学校应制定相关管理办法和操作规范，规范档案管理的各项工作，并加强对制度的执行和监督，确保档案管理工作的规范和有效性。

（3）加强信息安全管理制度建设：随着信息化档案管理的推进，信息安全问题日益突出。学校应建立健全信息安全管理制度，包括数据保护、访问权限控制、风险评估和事件响应等方面的规定，确保学生档案信息的安全可控。同时，学校应加强信息安全意识培训，提高档案管理人员对信息安全重要性的认识和理解。

（4）推进标准化建设：学校可以借鉴国家和行业的相关标准，推动档案管理工作的标准化建设。建立起适用于信息化档案管理的标准体系，明确档案管理的基本要求和操作规程，有利于规范档案管理工作、提高工作效率，并为信息化档案管理的进一步发展奠定基础。

（5）强化监督与评估机制：学校应建立健全的档案管理监督与评估机制，对信息化档案管理工作进行定期检查和评估。通过对档案管理工作的监督和评估，发现问题、及时纠正，提高档案管理的质量和效率。

（6）加强与行业协会和政府部门的合作：学校可以加强与行业协会和政府部门的合作，共同制定和完善档案管理相关的规范和标准。通过与行业协会和政府部门的合作，学校可以获取更多的政策支持和行业信息，推动档案管理制度的不断完善和提升。

（7）提升档案管理人员的专业素养：档案管理人员是制度适应和规范建

设的关键。学校应加强档案管理人员的培训和教育，提升他们的专业素养和管理能力，使其能够更好地贯彻、执行相关制度和规范，保障信息化档案管理工作的顺利进行。

第四节 信息技术在高校学生档案管理中的发展趋势

一、面向智能化、数字化

在信息化背景下，高校学生档案管理正朝着智能化、数字化方向迅速发展，未来将呈现出更加智能化、数字化的特点。

（一）智能化技术在学生档案管理中的持续渗透和发展

随着人工智能（AI）技术的不断发展和应用，智能化技术将在学生档案管理中扮演越来越重要的角色。未来，高校可以借助 AI 技术实现学生档案信息的智能识别、分类和分析，提高档案管理的智能化水平。例如，通过人脸识别技术，学校可以快速识别学生身份，实现自动签到和考勤管理；通过自然语言处理技术，学校可以对学生的档案信息进行智能化搜索和问答，提高信息的利用效率。

智能化技术还可以应用于学生服务和辅助决策方面。学校可以开发智能化的学生服务机器人，为学生提供在线咨询和服务指导；还可以利用数据分析和预测模型，对学生的学习情况和行为习惯进行分析和预测，为学校管理和决策提供科学依据。

（二）数字化管理平台功能的完善与扩展

数字化管理平台是实现高效档案管理的重要工具，未来其功能将进一步完善和扩展。数字化管理平台将不仅仅是数据的存储和管理工具，还将具备更多的智能化和个性化功能，为学校提供更全面的档案管理解决方案。

未来，数字化管理平台可能会融合更多的先进技术，如大数据分析、物联网、区块链等，以实现档案管理的全面数字化和智能化。例如，利用大数据分析技术，学校可以对学生档案数据进行深度挖掘，发现其中的潜在规律和价值信息；利用区块链技术，学校可以确保档案数据的安全性和不可篡改性，提高数据的可信度和可靠性。

同时，数字化管理平台的功能还将向多样化和个性化方向发展。学校可以根据自身需求和特点，定制、开发符合自己特色的数字化管理平台，实现个性化的档案管理和服务模式。此外，数字化管理平台还将进一步拓展到移动端和云端，提供更灵活、便捷的管理和访问方式，满足多样化的学生和教职员工需求。

未来，随着科技的不断进步和应用，高校学生档案管理将迎来更加智能化、数字化的发展阶段。学校应密切关注信息技术的发展动态，积极采纳先进技术，不断提升档案管理水平，为学生提供更优质、更便捷的服务。

二、重视数据安全与隐私保护

随着信息技术的快速发展和应用，学生档案管理面临着越来越严峻的数据安全和隐私保护挑战。为了有效应对这些挑战，未来的发展趋势将更加注重数据安全与隐私保护，具体体现在以下方面。

（一）加强学生档案数据安全的技术手段和管理措施

未来，高校将进一步加强学生档案数据安全的技术手段和管理措施。

首先，学校可以采用先进的加密技术和安全协议，保护学生档案数据的传输和存储安全。通过对数据进行加密、身份认证和访问控制等措施，防止未经授权的人员获取和篡改档案信息。

其次，学校还可以建立完善的数据备份和恢复机制，确保学生档案数据的可靠性和持久性。定期进行数据备份，并建立灾备系统和应急响应机制，及时应对数据丢失、被损坏等突发事件，保障档案数据的安全和完整。

（二）遵守相关隐私保护法规，保障学生档案信息安全

随着个人信息保护意识的增强和相关法规的不断完善，高校将更加重视学生档案信息的隐私保护工作。未来，学校将严格遵守《中华人民共和国个人信息保护法》等相关法规，建立健全的隐私保护制度和管理机制。

首先，学校将加强对学生档案信息的访问权限管控，严格限制档案信息

的访问范围和使用权限，确保只有经过授权的人员才能访问相关信息。

其次，学校还将加强对学生档案信息的审计和监控，及时发现和处理违规行为，保护学生的个人隐私权益。

最后，学校将加强对第三方服务提供商的管理和监督，确保其符合相关隐私保护法规和标准，不会滥用学生档案信息。建立与服务提供商的合作协议，并约定明确的数据保护条款和责任分工，保障学生档案信息的安全和合法使用。

未来，随着信息技术的不断进步和应用，学校将不断加强学生档案数据安全和隐私保护工作，确保学生档案信息的安全性、可靠性和合法性，为学校管理和服务提供坚实的数据保障。

三、跨平台与系统整合

随着信息技术的不断进步和应用，未来高校学生档案管理将呈现出跨平台与系统整合的发展趋势。这一趋势主要体现在以下两个方面。

（一）不同信息技术平台间的数据共享与互通

未来，高校学生档案管理将更加注重不同信息技术平台之间的数据共享与互通。学校可能同时使用多种不同的信息技术平台，如学生信息系统、档案管理系统、教务管理系统等，这些平台之间存在着大量的重复数据和信息交叉。

为了实现高效的档案管理和信息利用，未来的发展趋势将倾向于建立统一的数据标准和接口规范，实现不同平台之间的数据共享与互通。通过采用统一的数据格式和接口协议，不同平台之间的数据可以实现实时同步和互相访问，从而实现信息的一体化管理和综合利用。

（二）不同系统之间的档案信息整合与联动

未来，高校学生档案管理将更加强调不同系统之间的档案信息整合与联动。学校可能使用的系统涵盖了教务管理、学生服务、人事管理等多个方面，这些系统之间的档案信息往往存在着交叉和重复。为了实现信息的高效利用和管理，未来的发展趋势将倾向于实现不同系统之间的档案信息整合与联动。通过建立数据接口和数据交换机制，不同系统之间的档案信息可以实现实时同步和联动操作，从而提高信息的一致性和准确性，减少数据冗余和重复录入的问题。

未来，跨平台与系统整合将成为高校学生档案管理的重要发展趋势，通过实现不同信息技术平台间的数据共享与互通，以及不同系统之间的档案信息整合与联动，提高信息的整合性和一体化程度，实现学生档案管理的高效运作和服务水平的提升。

第六章 高校学生档案管理与人才培养

第一节 高校学生档案管理与人才培养的关系

一、高校学生档案管理与人才培养目标的契合分析

高校学生档案管理是指对高校学生个人信息、学业记录、成长发展等相关信息进行系统、科学、全面管理的过程。其管理内容包括但不限于学生入学信息、学习成绩、奖惩记录、社会实践、科研成果等多个方面的信息,通过对这些信息的收集、整理、分析和应用,实现对学生全过程的跟踪管理和个性化服务。

高校人才培养目标是指高校在教育教学工作中设定的培养目标和要求,旨在培养学生成为社会所需要的各类人才。其内容主要包括学科专业知识与能力的培养、综合素质的提升、创新能力和实践能力的培养、社会责任感和团队协作能力的塑造等方面。其特点包括以学生为中心、立德树人、培养全面发展的人才、适应社会发展需求等。

高校学生档案管理与人才培养目标之间的关系具体如下。

(一)学生档案管理是人才培养工作的重要支撑和保障

学生档案中记录了学生的学习成绩、学业发展、科研成果等信息,为高校全面了解学生的学业情况提供了依据,有助于高校为其学生制定个性化的学习计划和辅导方案,从而更好地实现学生的学业目标。

通过学生档案管理系统,高校可以对学生进行全程跟踪管理,及时发现和解决学生在学习、生活、就业等方面遇到的问题,从而提升高校人才培养

的质量和效率。

（二）学生档案管理有利于高校实现人才培养目标的个性化和差异化

通过学生档案管理系统，高校可以对学生的学习情况、兴趣爱好、特长优势等信息进行分析，为学生提供个性化的学习辅导和发展指导，有利于挖掘和培养学生的潜力，实现个性化的人才培养目标。

学生档案管理可以帮助高校更好地了解学生的特点和需求，因材施教，制订不同的培养计划和措施，促进学生全面发展。

（三）学生档案管理与人才培养目标的关联是不断深化和拓展的

随着信息化技术的发展，学生档案管理系统将更加智能化、个性化，为高校实现更高水平的人才培养目标提供更有力的支撑。

未来，学生档案管理将与高校教学、科研、就业等各个环节深度融合，实现全方位、全过程的人才培养目标，促进高校人才培养工作的不断创新和发展。

二、学生档案管理支持高校人才培养目标的实现

（一）为高校人才培养目标提供信息支持

1. 学生档案管理对学生个人发展路径的记录与跟踪

学生档案管理系统通过记录学生个人的学习情况、成绩表现、课外活动参与等信息，对学生的个人发展路径进行全面的记录和跟踪。具体来说，档案管理系统可以记录学生的入学情况、专业选择、课程选修情况、学习成绩、科研项目参与情况、社会实践经历等方面的信息。这些信息可以帮助学校和教师了解学生的学业规划、兴趣爱好、潜力特点等，从而有针对性地为学生提供个性化的教育和培养服务。

档案管理系统还可以实现对学生学习轨迹的跟踪和分析。通过对学生历年学习成绩、课程选修情况、学业进展等数据的分析，学校可以了解学生的学习动态和发展趋势，及时发现其学业问题和困难，为学生提供及时的学习辅导和帮助，培养其良好的学习态度并促进其学业进步。

2.档案信息在学业规划和指导中的应用

学生档案管理系统中的信息可以为学生的学业规划和指导提供重要支持。学校可以通过分析学生的学习成绩、兴趣爱好、专业倾向等信息，为学生提供专业选择和学业规划的指导。例如，学校可以根据学生的学科优势和兴趣爱好，为其推荐适合的专业方向和课程选择，帮助学生明确自己的发展方向和目标。

此外，档案管理系统还可以为学生提供个性化的学习指导和辅导。通过分析学生的学习情况和成绩表现，教师可以了解学生的学习特点和问题所在，为学生提供针对性的学习建议和辅导方案。例如，对于成绩较差的学生，可以提供更加细致的学习指导和辅导，帮助其提高学业水平；对于成绩优秀的学生，可以提供更加深入的学科拓展和研究机会，培养其创新能力和学术潜力。

总之，学生档案管理系统通过记录学生的学习信息和成长经历，为高校人才培养目标的实现提供了重要的信息支持。这些信息可以帮助学校和教师更好地了解学生的个性化需求和发展动态，为其提供个性化的教育和培养服务，促进学生全面发展和高校人才培养目标的达成。

（二）促进高校人才培养目标的实现

1.利用档案管理优化课程设置与教学组织

学生档案管理系统的信息可以为高校优化课程设置和教学组织提供重要支持。通过分析学生的选课情况、学业成绩、专业方向偏好等信息，学校可以了解学生的学习需求和兴趣爱好，从而调整和优化课程设置，提供更加符合学生需求的教学内容和教学方式。具体来说，可以采取以下措施。

根据学生的选课情况和兴趣爱好，调整课程设置，增设符合学生需求的选修课程或专业方向课程，丰富学生的学习选择空间，激发其学习兴趣和学科热情。

根据学生的学业成绩和能力水平，设置不同层次和难度的课程，满足学生个性化的学习需求，提高课程的针对性和适应性。

结合学生的专业方向和职业发展需求，设计具有实践性和应用性的课程项目，培养学生的专业技能和实践能力，提高其就业竞争力。

此外，学校还可以通过档案管理系统对课程评价和教学质量进行监测和评估，及时调整和改进教学方案，提高教学效果和教学质量，促进学生的全面发展和高校人才培养目标的实现。

2. 档案管理在学术辅导和指导中的作用

学生档案管理系统可以为学校的学术辅导和指导工作提供重要支持。通过分析学生的学习情况和成绩表现，教师可以了解学生的学习需求和问题所在，为其提供个性化的学习指导和辅导服务。具体来说，可以采取以下措施。

根据学生的学业成绩和学习情况，为其提供针对性的学习建议和学术指导，帮助其解决学习中遇到的困难和问题，提高其学习效率和学习成绩。

根据学生的学习特点和兴趣爱好，为其提供学科拓展和研究机会，激发其学术兴趣和创新能力，培养其科研能力和学术素养。

通过学生档案管理系统的信息共享和互动平台，建立学生与教师之间的沟通和交流机制，促进师生之间的互动和合作，共同推动学生学术发展和成长。

3. 档案信息在实践教学和社会实践中的应用

学生档案管理系统中的信息可以为实践教学和社会实践活动提供重要支持。通过分析学生的实习经历、社会活动参与情况和志愿服务经历等信息，学校可以为学生提供更加丰富和多样化的实践机会，促进其实践能力和社会责任意识的提升。具体来说，可以采取以下措施。

根据学生的个人发展需求和职业发展目标，为其匹配合适的实习岗位和社会实践项目，为其提供实践锻炼和成长机会，培养其实践能力和职业素养。

通过学生档案管理系统的信息共享和管理平台，建立学校与实习单位之间的信息互通机制，及时了解学生在实践过程中的表现和反馈，为其提供必要的指导和支持，保障实践活动的顺利进行和学生的安全。

结合学生的实践经历和社会活动参与情况开展相关的评价和考核，对学生的实践能力和社会责任意识进行评估和提升，为其未来的职业发展和社会参与奠定基础。

通过上述措施，学生档案管理系统在实践教学和社会实践活动中的应用可以有效促进学生的实践能力和社会责任意识的提升，为其未来的职业发展和社会参与打下坚实的基础，从而实现高校人才培养目标的更好实现。这些措施不仅能够为学生提供更加个性化和多样化的学习和发展机会，还能够提高学生的综合素质和竞争力，为其未来的职业发展和社会责任意识的提升奠定坚实的基础。同时，这些措施也能够促进高校人才培养目标的更好实现，为社会培养更多更优秀的人才做出贡献。

三、高校学生档案管理为培养个性化人才提供支持

（一）利用档案管理实现个性化学习支持

1. 个性化学习路径规划

学生档案管理系统可以根据学生的学习情况和学术兴趣，为其量身定制个性化的学习路径规划。通过分析学生的学业情况和学习需求，学校可以为学生提供个性化的学习计划和指导，帮助其更好地规划学习进程，提高学习效率。

2. 个性化学习资源推荐

根据学生的学习兴趣和学术需求，学校可以利用档案管理系统为学生推荐个性化的学习资源。通过分析学生的学业情况和学术背景，学校可以为学生提供适合其学习的教材、学术论文、课程资料等学习资源，帮助学生更好地获取知识和提升能力。

3. 个性化学习反馈与评估

档案管理系统可以记录学生的学习历程和成绩表现，并提供个性化的学习反馈和评估。通过分析学生的学习数据，学校可以为学生提供针对性的学习建议和改进方案，帮助其及时调整学习策略、提高学习效果。

（二）档案管理在个性化辅导和指导中的应用

1. 个性化学业辅导

学校可以根据学生的档案信息为其提供个性化的学业辅导和指导服务。

通过分析学生的学业情况和学习需求,学校可以为学生提供针对性的学习建议和指导方案,帮助其解决学习中的困难和问题、提高学业水平。

2. 个性化职业规划指导

学生档案中包含了学生的个人信息、兴趣爱好以及职业发展规划等内容,可以为学校提供个性化的职业规划指导服务。学校可以根据学生的档案信息,为其量身定制个性化的职业规划方案,帮助其明确职业发展目标和路径,做出更加科学的职业选择。

3. 个性化成长指导

档案管理系统可以记录学生的成长历程和发展轨迹,为学校提供个性化的成长指导服务。学校可以根据学生的档案信息,为其提供针对性的成长建议和指导方案,帮助其全面发展和成长成才。

(三)档案管理对个性化发展路径的探索和实践

1. 个性化发展路径规划

学校可以通过分析学生的档案信息,探索和实践个性化的发展路径规划。学校通过为学生量身定制个性化的发展路径,帮助其根据个人特点和需求实现个性化发展。

2. 个性化发展支持与服务

学校可以利用档案管理系统为学生提供个性化发展支持与服务。通过分析学生的档案信息,学校可以为其提供针对性的发展指导和支持,帮助其克服发展中的困难,实现个人发展目标和理想。

3. 个性化发展效果评估

档案管理系统可以记录学生的发展历程和成长效果,并对个性化发展路径的实施效果进行评估。学校可以根据学生的发展情况和成长表现,对其个性化发展路径进行调整和优化,不断提升个性化发展支持和服务的水平和效果。

第二节　高校学生档案管理在人才培养过程中的应用

一、学生档案管理在招生录取阶段的应用

（一）招生信息记录与管理

1. 学生档案在招生宣传中的作用

在招生宣传中，学生档案扮演着至关重要的角色。学校可以利用学生档案中的学生信息、校园生活照片、校园文化活动记录等内容，制作宣传册、宣传视频和校园介绍页面，向学生和家长展示学校的教学环境、师资力量和校园氛围，从而吸引更多优秀学生报考该校。

2. 申请材料的收集与整理

学校可以利用档案管理系统收集和整理学生的申请材料。通过档案管理系统，学校可以建立每位申请学生的电子档案，包括成绩单、推荐信、个人陈述等资料，确保申请材料的完整性和准确性。同时，档案管理系统还可以对申请材料进行分类和归档，便于招生工作人员进行审核和评估。

（二）招生流程优化与管理

1. 档案信息在招生流程中的传递与使用

招生流程中，学生档案信息的传递和使用至关重要。档案管理系统可以确保学生档案信息的准确和及时传递，帮助招生办公室和相关部门更好地了解申请学生的情况。通过档案管理系统，招生工作人员可以迅速获取申请学生的个人信息、成绩单、推荐信等资料，为招生工作提供有力支持。

档案信息在招生流程中的使用也非常重要。招生工作人员可以根据学生档案中的信息进行综合评估和决策。例如，根据学生的成绩单和个人陈述判断学生的学术水平和个人能力；根据推荐信和社会活动记录评估学生的综合素质和社会适应能力。因此，档案管理系统的建立和运用能够提高招生流程的效率和准确性，为学校选拔优秀学生提供有力支持。

2. 学生信息的核实与审核

招生流程中，对学生信息的核实与审核是至关重要的环节。档案管理系统可以帮助学校对申请学生的信息进行全面核实和审核，确保信息的真实性和可靠性。招生工作人员可以通过档案管理系统查看学生的成绩单、推荐信等资料，与学校或相关机构进行信息核实，确保学生信息的准确性。

此外，档案管理系统还可以对学生信息进行审核，检查其是否符合学校的招生要求和录取标准。招生工作人员可以根据学生档案中的信息，评估学生的综合素质和适应能力，为学校的招生决策提供参考依据。通过对学生信息的核实与审核，学校可以保证招生录取工作的公平、公正和透明，提升招生流程的质量和效率。

二、学生档案管理在学生学习过程中的应用

（一）学籍信息的管理与更新

1. 课程选修与成绩记录的管理

学生档案管理系统在学习过程中扮演着至关重要的角色，特别是在课程选修和成绩记录方面。学校可以通过档案管理系统实现对学生课程选修的管理，包括课程注册、选课结果、课程成绩等信息的记录和管理。学生可以通过系统在线选课，系统自动记录学生所选课程，并及时更新相关信息。

此外，档案管理系统还可以实现对学生成绩记录的管理。学校可以将学生的考试成绩、作业成绩等信息录入系统，系统自动生成成绩单供学生查询和下载。学校也可以根据学生的成绩情况进行学业辅导和评价，帮助学生及时了解自己的学业状况、制订学习计划、提高学习效率。

2. 学业指导与评价体系的建立

学业指导与评价体系是学生档案管理中的重要内容，也是学校在学生学习过程中提供的重要支持。学校可以通过档案管理系统建立完善的学业指导与评价体系，为学生提供个性化的学业指导和评价服务。

档案管理系统可以根据学生的学业情况和个性化需求，为学生提供个性化的学业指导服务。学校可以根据学生的成绩记录、学习计划、课程选修情

况等信息，为学生制订个性化的学习计划和指导方案，帮助学生克服学习困难，提高学习成绩。

同时，档案管理系统还可以实现学业评价体系的建立和运行。学校可以根据学生的学业表现和成绩情况，对学生进行全面评价，包括学业水平、学习态度、综合素质等方面。学校可以通过系统自动生成学业评价报告，向学生和家长提供学业评价结果，并及时跟进学生的学业发展情况，为其提供针对性的学业指导和支持。

（二）学生发展情况的跟踪与指导

1. 学生个性化学习计划的制定与执行

学生档案管理在学生学习过程中还扮演着个性化学习计划制定与执行的重要角色。通过档案管理系统，学校可以根据学生的学习情况、兴趣爱好、职业规划等因素，为每位学生制订个性化的学习计划。这些学习计划旨在帮助学生更好地发挥自己的潜能，实现个人发展目标。

在学生档案中记录学生的个性化学习计划，并定期更新和调整。学校可以根据学生的学习情况和个人需求为学生调整学习计划，并通过档案管理系统向学生提供学习指导和支持。同时，学校还可以通过档案管理系统实时监控学生的学习进度和成绩情况，及时发现学生学习中的问题，为学生提供针对性的学习帮助和指导。

2. 学业问题的诊断与解决

学生档案管理还可以帮助学校对学生进行学业问题的诊断与解决，提高学生的学习成绩和综合素质。通过档案管理系统，学校可以收集和分析学生的学业数据，发现学生学习中存在的问题和困难，并及时采取措施加以解决。

档案管理系统可以记录学生的课程成绩、学习计划、学习情况等信息，学校可以通过系统分析学生的学习数据，发现学生学习中的问题和瓶颈，为学生提供针对性的学习支持和指导。学校还可以通过档案管理系统建立学生学业问题的反馈机制，鼓励学生及时向学校反映学习中的困难和问题，从而促进学校为学生提供个性化的学习帮助和指导。

(三)学生活动参与信息的记录与利用

1.学生社团、志愿活动参与信息记录的管理

学生档案管理系统不仅可以用于学术信息的记录和管理,还可以用于学生参与的社团和志愿活动情况的记录。通过档案管理系统,学校可以记录学生参与的社团、志愿服务活动及其所担任的职务、参与时间等信息。这些记录可以帮助学校全面了解学生的课外活动参与情况,评价学生的综合素质和社会责任感,为学生的综合评价提供依据。

此外,学校还可以通过档案管理系统为学生提供社团、志愿活动参与的指导和支持。学校可以根据学生的兴趣爱好和专业特长为学生推荐适合的社团和志愿服务项目,并通过系统记录学生的参与情况,及时向学生反馈参与成果和经验,并为学生提供相关证明和推荐信等支持。

2.学生科研、竞赛成果的记录与展示

学生档案管理系统还可以用于记录学生的科研和竞赛成果,并为学生提供成果展示和交流的平台。学校可以通过档案管理系统记录学生参与的科研项目、科技竞赛等情况,包括项目名称、参与角色、成果产出等信息。

档案管理系统还可以为学生提供展示成果和交流的平台。学校可以在系统中建立学生科研、竞赛成果的展示页面,学生可以在该页面上传和展示自己的成果,包括论文、专利、获奖证书等。这样不仅可以为学生提供展示成果的机会,还可以为学生提供交流和合作的平台,促进学术和科技创新的交流与合作。

三、学生档案管理在学生社会实践活动中的应用

(一)实习信息管理

1.实习计划与安排的管理

学生档案管理系统可以用于管理学生的实习计划与安排。学校可以通过档案管理系统收集学生的实习意愿和实习方向,并根据学生的专业和兴趣为其安排实习岗位和实习计划。在系统中,学校可以记录学生实习的时间、地点、单位等信息,为学生提供详细的实习安排,并通过系统向学生发送实习

通知和安排信息。

此外，档案管理系统还可以用于学生实习的监管和跟踪。学校可以通过系统监测学生的实习情况，包括实习的进度、实习任务的完成情况等，并及时与实习单位进行沟通和协调，确保学生的实习顺利进行。

2. 实习成果的记录与评价

档案管理系统也可以用于记录学生的实习成果。学校可以在系统中建立学生实习成果的记录页面，学生可以在该页面上传实习报告、实习日志、实习总结等资料，记录实习期间的工作经历、学习收获和成果。

同时，学校可以通过系统对学生的实习情况进行评价。教师和实习单位可以在系统中对学生的实习表现进行评价，包括工作态度、实习能力、实习成果等方面，并提供评价意见和建议。这样可以为学校评价学生的实习成果提供依据，也可以为学生提供改进和提升的方向。

（二）社会活动参与信息的记录与利用

1. 社会实践、社团活动信息的记录与管理

学生档案管理系统在记录和管理学生参与社会活动的信息方面发挥着重要作用。学校可以通过档案管理系统建立专门的页面或模块，用于记录学生参与的各类社团活动、志愿服务和社会实践等情况。在系统中，学生可以上传相关活动的证明材料、参与证书或活动报告，包括活动名称、时间、地点、参与人数等信息，作为参与活动的证明和记录。

此外，学校还可以通过档案管理系统管理社团组织的信息和活动。学校可以在系统中建立社团信息库，包括社团名称、负责人、成员名单、活动计划等信息，方便学校了解社团的情况和管理社团活动。同时，学校可以通过系统发布社团活动通知、活动报名等信息，提高社团活动的组织和管理效率。

2. 社会公益活动信息的记录与跟踪

档案管理系统还可以用于记录和跟踪学生参与的社会公益活动。学校可以通过系统收集学生参与的各类公益活动信息，包括志愿服务、慈善活动、环保行动等。在系统中，学生可以上传参与公益活动的相关证明材料、活动报告或志愿服务时长等信息，作为参与活动的证明和记录。

同时，学校可以通过系统对学生参与公益活动的情况进行跟踪和统计。通过系统，学校可以了解学生参与公益活动的情况，评估学生的社会责任感和公益意识，为学生的综合素质评价提供依据。

第三节　高校学生档案管理在人才培养质量提升与评价中的作用

一、学生档案管理对人才培养质量提升的作用

（一）学生档案管理对学生个性化发展的支持

学生档案管理记录了学生学习、成长、社会实践等信息，可以为学生提供个性化的发展支持。学生档案管理系统不仅记录了学生的基本信息和学业情况，还记录了学生的成长历程、社会实践经历等内容。通过对学生档案的记录和管理，学校可以全面了解学生的个性特点、兴趣爱好、学习能力和社会实践经验等，为学生提供个性化的发展支持。例如，针对不同类型的学生，学校可以通过档案管理系统为其提供个性化的学业指导和职业规划服务，帮助学生更好地发展自己的优势和兴趣，从而实现个性化的人才培养目标。

通过档案管理，学校可以了解学生的学习情况和特长，为其提供针对性的培养计划和指导。档案管理系统记录了学生的学习成绩、课程选择、学术成就等信息，还记录了学生的社会实践、科研成果、获奖情况等内容。学校可以通过对学生档案的分析和评估，了解学生的学习情况和特长，为其提供针对性的培养计划和指导。例如，针对学习成绩优秀的学生，学校可以通过档案管理系统为其提供更多的学术挑战和科研机会；针对具有特殊技能或兴趣爱好的学生，学校可以通过档案管理系统为其提供个性化的社会实践机会，帮助其全面发展和成长。

（二）学生档案管理对教学质量的监控与改进

通过分析学生档案数据，学校可以及时发现教学中存在的问题和学生的

困难，以便进行调整和改进。学生档案中包含了学生的学习成绩、课程选修情况、考试表现等信息，这些数据可以为学校提供宝贵的教学反馈。通过对学生档案数据的分析，学校可以发现教学中存在的问题和学生的困难，及时调整教学内容、教学方法和评价标准，以提高教学效果和学生的学习体验。例如，如果发现某门课程的成绩普遍较低，学校可以通过档案管理系统分析学生的学习情况和表现，找出导致成绩低下的原因，进而进行针对性的教学改进和辅导措施。

档案管理可以帮助学校评估教学效果，促进教学质量的提升，确保人才培养质量的稳步提升。学生档案数据是评估教学效果的重要依据之一。通过对学生档案数据的统计和分析，学校可以评估教学质量、教学资源的利用情况以及学生的学习成果。学校可以根据档案数据的反馈结果，对教学计划、课程设置和教学方法进行调整和优化，进而提升教学质量。例如，学校可以通过档案管理系统对学生的课程选择情况、学业成绩和就业情况进行跟踪和分析，评估不同课程的教学效果和学生的综合素质培养情况，为教学改革和提升提供科学依据。

二、学生档案管理在人才培养质量评价中的作用

（一）制定评价指标体系与标准

（1）结合学校人才培养目标和学科特点制定科学、合理的评价指标体系和评价标准。为了有效评价人才培养质量，需要根据学校的人才培养目标和各学科的特点，制定科学、合理的评价指标体系和评价标准。评价指标体系应该包括学生的学习成绩、科研能力、创新能力、实践能力、综合素质等方面的指标，以全面反映学生的学业水平和能力素质。评价标准应该具有量化、可操作性的特点，能够客观、公正地评价学生的表现和水平。例如，可以制定不同学科的评价指标体系和评价标准，根据学科特点和人才培养目标量化各项指标，以便进行有效的评价和监测。

（2）建立多维度、多层次的评价体系，全面评估学生在学习、科研、实践等方面的表现。为了确保评价的全面性和客观性，学校可以建立多维度、

多层次的评价体系，全面评估学生在学习、科研、实践等方面的表现。评价体系可以包括学术成绩、科研成果、实践经历、社会活动参与等多个维度，以全面反映学生的学习和发展情况。同时，评价体系应该设置不同层次的评价指标，包括基础指标、进阶指标和高级指标，以满足不同层次学生的评价需求。例如，可以设置基础指标评价学生的学习成绩和基本素质，设置进阶指标评价学生的科研和实践能力，设置高级指标评价学生的创新能力和综合素质，从而全面评估学生的发展水平。

（二）档案管理数据在人才培养质量评价中的应用

（1）利用学生档案数据分析学生学习情况、成绩表现等指标，为人才培养质量评价提供客观数据支持。学生档案中记录了学生的学习历程、课程选修情况、考试成绩等重要信息，这些数据反映了学生在学业方面的表现和水平。通过对学生档案数据的分析，学校可以客观地评估学生的学习情况和成绩表现，为人才培养质量评价提供客观的数据支持。例如，学校可以通过分析学生档案数据，评估学生的学业成绩、课程完成情况、学习进展等，从而了解学生的学习状况和水平，为学生的个性化发展和成长提供有效的指导和支持。

（2）通过学生档案数据评估学生的综合素质、科研能力、创新能力等方面，全面评价人才培养质量。除了学习成绩，学生档案还记录了学生的科研项目、实习实践、社会活动等信息，这些数据反映了学生在科研能力、创新能力、综合素质等方面的表现。通过对学生档案数据的综合分析，学校可以全面评价学生的综合素质和能力水平，包括专业知识掌握程度、实践能力、创新能力等方面，从而全面评价人才培养质量。例如，学校可以通过分析学生档案数据，评估学生在科研项目中的表现、参与实践活动的情况、获得的荣誉和奖励情况等，综合评价学生的综合素质和能力水平，为人才培养质量评价提供科学依据。

第七章 高校学生档案管理与教学改革

第一节 高校学生档案管理对教学改革的支持与保障

一、档案管理在教学改革中的重要作用

（一）档案管理为教学改革提供数据支持和依据

档案管理在教学改革中扮演着至关重要的角色，其为教学改革提供了必要的数据支持和依据，有助于教学质量的提升、教学内容的优化以及学生的个性化发展。以下是档案管理在这方面的具体作用和价值。

（1）支持教学改革的决策：档案管理通过记录学生的学习情况、成绩表现、实践经历等信息，为教学改革提供了大量的数据支持。这些数据可以帮助教育管理者和教师全面了解学生的学习情况和发展需求，有针对性地调整和优化教学内容和方式，推动教学改革的顺利实施。

（2）评估教学改革效果：档案管理系统记录了学生在教学过程中的各种表现和成绩，可以用于评估教学改革的效果。通过分析学生的学习成绩、综合素质评价等数据，可以客观地评价教学改革的实施情况，发现问题和不足之处，并及时调整和改进教学策略，提高教学质量和水平。

（3）支持个性化教学实施：档案管理系统记录了学生的个人信息、学习轨迹和成长历程，为个性化教学提供了重要支持。教师可以通过分析学生档案数据了解每个学生的学习特点和需求，为其量身定制个性化的学习计划和教学方案，促进学生的个性化发展和全面成长。

（4）促进教学资源共享和利用：档案管理系统可以整合教学资源，实现

教学资源的共享和利用，为教学改革提供有力支撑。教师可以根据学生档案信息选择合适的教学资源和教学方法，提高教学效果和效率。同时，学校可以通过档案管理系统实现教学资源的共享和优化配置，最大程度地发挥教学资源的效益，推动教学改革和发展。

（二）档案管理为个性化教学和学生发展提供支持

在教学改革的背景下，个性化教学已成为教育发展的重要趋势之一。而档案管理在支持个性化教学和学生发展方面发挥着至关重要的作用。

（1）个性化教学计划的制订：档案管理系统记录了学生的学习情况、成绩表现、兴趣爱好等个人信息，为教师制订个性化教学计划提供了重要依据。教师可以根据学生的档案信息了解其学习特点和需求，针对性地设计教学内容和教学方法，满足学生的个性化学习需求，提高教学效果和学生的学习动机。

（2）学习路径的个性化指导：档案管理系统可以帮助学校和教师为每个学生量身定制学习路径和发展规划。通过分析学生的学习历史和成绩情况，档案管理系统可以为学生提供个性化的学习指导和辅导，帮助其规划学习目标和制定学习计划，实现个性化发展和全面成长。

（3）个性化评价和反馈：档案管理系统支持个性化评价和反馈机制的建立。教师可以根据学生的学习表现和成绩情况为其提供个性化的评价和反馈，指导其学习和进步。同时，学生也可以根据自己的学习情况和成长需求向教师提出个性化的学习需求和建议，共同促进学生的个性化发展和进步。

（4）个性化辅导和服务：档案管理系统支持个性化辅导和服务的提供。学校可以根据学生的档案信息为其提供个性化的辅导和服务，包括学业辅导、心理辅导、职业规划辅导等，帮助学生解决在学习和生活中遇到的问题和困难，实现个性化发展和全面成长。

档案管理在教学改革中为个性化教学和学生发展提供了重要支持和保障，有助于学校和教师更好地了解学生的学习需求和特点，为其提供个性化的教学服务和支持，促进学生的全面发展和个性化成长。

(三)档案管理为评价教学改革效果提供参考

教学改革的实施需要对其效果进行全面、客观的评价,以确定改革措施的有效性和可持续性,而档案管理系统则为评价教学改革效果提供了重要的参考依据。

(1)学生学习情况全面记录:档案管理系统能够全面记录学生的学习情况,包括学习成绩、课程选修情况、学业进展等,为评价教学改革的效果提供了客观的数据支持。通过分析学生的学习档案,学校可以了解教学改革对学生成绩和学业进展的影响,评估改革措施的实际效果。

(2)教学活动过程监控:档案管理系统可以记录教学活动的过程和细节,包括教学内容、教学方法、教学资源利用情况等。通过对教学活动过程的监控和分析,学校可以评估教学改革的实施情况和效果,发现不足并改进,提高教学质量和效率。

(3)学生反馈和评价收集:档案管理系统还可以收集学生的反馈和评价信息,包括对教学内容、教学方法、教师表现等方面的评价意见。通过分析学生的反馈和评价,学校可以了解他们对教学改革的认可度和满意度,评估改革措施的实际效果和影响,为进一步改进和完善教学改革提供参考依据。

(4)教师教学效果评估:档案管理系统还可以用于评估教师的教学效果和教学质量。通过分析教师的教学档案和学生的学习情况,学校可以评估教师的教学水平和教学成效,发现其教学中存在的问题和不足之处,为教师的教学改进提供指导和支持。

档案管理为评价教学改革效果提供了重要的参考依据和支持,有助于全面、客观地了解教学改革的实际效果和影响,为进一步改进和完善教学改革提供科学依据和指导。

二、教学改革借助档案管理提升教学效果和质量

(一)利用档案信息为学生提供个性化学习计划和指导

在教学改革的背景下,学生的学习特点和需求多样化,传统的"一刀切"的教学方式已经不能满足学生个性化学习的需求。因此,学校可以借助

档案系统实现对学生的个性化指导与辅导，以提升教学效果和质量。

（1）学生学习档案的建立与更新：档案管理系统可以记录学生的学习成绩、课程选修情况、学习进度等信息。教师可以通过学生的学习档案了解其学习情况和特点，为其制订个性化的学习计划和指导方案。例如，对于学习成绩不理想的学生，教师可以制订针对性的辅导计划，帮助其提高学习成绩；对于学习进度落后的学生，教师可以制定加快其学习进度的计划，帮助其跟上教学进度。

（2）学业规划与指导：档案管理系统还可以记录学生的学业规划和目标，包括课程安排、选修方向、实习计划等。教师可以根据学生的学业规划和目标为其提供个性化的学业指导和规划建议。例如，对于有志于从事某一行业的学生，教师可以为其提供相关的课程和实习机会推荐；对于有特长或兴趣爱好的学生，教师可以为其提供相应的学习资源和指导建议，帮助其在专业领域取得突出的成就。

（3）学习辅导和反馈机制：档案管理系统还可以建立学生学习辅导和反馈机制，通过定期对学生学习情况的跟踪和评估，及时发现学生学习中存在的问题和困难，为其提供个性化的学习辅导和帮助。同时，学生也可以通过系统提交反馈意见和建议，与教师和辅导员进行互动交流，共同探讨、解决学习中遇到的问题，提升学习效果和质量。

（4）个性化学习资源推荐：根据学生的学习档案和兴趣特点，档案管理系统可以智能推荐个性化的学习资源，包括课程资料、学习工具、教学视频等。这有助于学生根据自身需求和兴趣选择适合的学习资源，提高学习效率和学习兴趣，从而达到更好的教学效果。

利用档案信息为学生提供个性化学习计划和指导，可以更好地满足学生多样化的学习需求，提升教学效果和质量。通过建立个性化的学习辅导和反馈机制，可以更加深入地了解学生的学习情况和需求，从而更好地进行个性化指导和辅导，从而实现教学目标。

（二）通过档案数据分析、评价教学效果，指导教学改进

在教学改革中，档案管理系统发挥着重要的作用，可以通过分析学生档案数据评价教学效果，指导教学改进，从而提升教学效果和质量。以下是教学改革借助档案管理实现教学评估与改进的方式：

（1）教学效果评价指标的建立：档案管理系统可以记录学生的学习成绩、课程参与情况、考试表现等信息，这些数据可以作为教学效果评价的重要依据。学校可以根据学生档案数据建立科学、合理的教学评价指标体系，包括学习成绩、课堂表现、学习兴趣等方面，用于评价教学效果和学生学习情况。

（2）教学效果的定量分析：档案管理系统可以对学生的学习数据进行定量分析，如学生成绩的平均分、通过率、优秀率等指标，从而客观评价教学效果的好坏。通过对不同课程、不同教师、不同学期数据的对比分析，可以发现教学中存在的问题和不足之处，为教学改进提供依据。

（3）教学效果的定性评估：除了定量分析，档案管理系统还可以进行教学效果的定性评估。通过分析学生的反馈意见、学业规划完成情况、学习态度等信息，综合评价教学效果的优劣。例如，学生的学习积极性、参与度、学习动力等可以反映教学效果的质量和学生的学习体验，从而指导教学改进。

（4）教学改进策略的制定：根据教学评估的结果，学校可以制定相应的教学改进策略。针对教学中存在的问题和不足之处，通过调整课程设置、优化教学方法、加强师资培训等方式，提升教学质量和效果。档案管理系统可以及时提供教学评估数据和分析报告，为教学改进提供科学依据和支持。

（5）持续监控和跟踪：教学改革是一个持续的过程，需要不断监控和跟踪教学效果。档案管理系统可以实时更新学生的学习数据，随时提供最新的教学评估信息，帮助学校及时发现问题、调整策略，持续改进教学质量。

（6）个性化教学路径设计：档案管理系统可以存储学生的个人信息、成绩情况，为个性化教学提供数据支持。基于这些数据，教师可以更好地了解每位学生的学习特点、能力水平和学习需求，设计符合其个性化需求的教学路径和学习计划。通过个性化的教学设计和指导，可以更好地满足学生的学习需求，提高学生学习积极性和学习效果。

（7）实时反馈与调整：档案管理系统可以记录学生的学习过程和表现，教师可以通过系统实时获取学生的学习情况和反馈信息。基于这些信息，教师可以及时调整教学策略和方法，根据学生的学习进度和理解程度进行个性化指导和辅导。这种实时反馈和调整机制可以使教学更加灵活和有效，提高教学效果和学生满意度。

（8）教学资源优化利用：档案管理系统可以帮助学校更好地管理和利用教学资源。通过分析学生的学习需求和兴趣爱好，系统可以精准匹配教学资源，为教师提供个性化的教学支持。同时，系统还可以帮助学校评估教学资源的利用效果，优化资源配置，提高资源利用效率和教学质量。

（9）教学效果监测与评价：档案管理系统可以对教学效果进行全面监测和评价。通过分析学生的学习成绩、课程反馈、学习态度等数据，系统可以客观评价教学效果和学生学习情况，发现问题并及时采取措施加以改进。这种教学效果的监测与评价机制可以促进教学质量的持续提升，保障教学改革的顺利实施和有效推进。

通过上述方式，教学改革可以借助档案管理系统实现个性化教学、提高教学效果和质量，为学生提供更加优质的教育服务。通过分析档案数据评价教学效果，指导教学改进，可以帮助学校更加科学、有效地进行教学管理和改革，提升教学效果和质量，促进学生全面发展。档案管理系统的应用不仅可以提升教学的效率和质量，还可以促进教学改革的深入发展，推动教学模式的创新与进步。

（三）根据档案信息调整教学资源配置，提升教学质量

教学资源是教学过程中的关键要素之一，其合理配置和优化利用对提升教学效果和质量具有重要影响。通过充分利用档案管理系统所提供的学生个性化信息和学习数据，学校可以更加精准地配置教学资源，从而提升教学的针对性、有效性和质量。

首先，档案管理系统可以收集、整理和分析学生的学习情况、兴趣爱好、学科特长等个性化信息。基于这些信息，学校可以了解每位学生的学习需求和特点，有针对性地调整教学资源的配置。例如，针对不同学生的学科兴趣和优势，学校可以提供多样化的选修课程和专业培训项目，满足学生个性化的学习需求。同时，学校还可以根据学生的学习水平和进度调整教学资源的难度和深度，确保教学内容的适宜性和有效性。

其次，档案管理系统可以帮助学校全面评估教学资源的利用效果。通过分析学生的学习数据和成绩表现，学校可以评估不同教学资源的教学效果，及时发现和解决存在的问题。同时，学校还可以根据教学资源的利用情况和学生需求调整资源的配置和使用方式，优化教学过程和教学环境，提升教学质量和效果。

最后，档案管理系统还可以支持教学资源的个性化定制和个性化推荐。通过分析学生的学习特点和需求，系统可以为每位学生量身定制个性化的学习计划和教学资源推荐，提供更加个性化和精准的教学支持。这种个性化的教学资源配置和推荐可以更好地满足学生的学习需求和兴趣爱好，激发其学习兴趣和积极性，提高教学效果和质量。

总的来说，教学改革借助档案管理系统可以实现教学资源的优化配置，提升教学的针对性、有效性和质量。通过充分利用学生个性化信息和学习数据，学校可以更加精准地调整教学资源的配置，提供个性化的教学支持，促进教学效果和学生学习体验的全面提升。

第二节 教学改革对高校学生档案管理的影响

一、教学改革对档案管理的影响

（一）教学方式变革对档案管理提出新要求

随着教育理念的不断更新和社会需求的不断变化，高校教学方式正在经历着深刻的变革。传统的教学模式以传授知识为主，注重教师的讲解和学生的接受，而现代教学更加强调学生的主体地位及其自主学习能力培养。这种教学方式的变革对高校学生档案管理提出了新的要求，需要其进行相应的调整和创新。

首先,个性化学习和教学评价的需求日益凸显,对档案管理提出了更高的要求。传统的教学模式往往无法满足每个学生个性化学习的需求,难以发现和挖掘每位学生的潜能和特长。因此,档案管理需要通过收集、分析和利用学生的个性化信息,为学生提供个性化的学习支持和评价服务。这包括对学生学习兴趣、学习习惯、学业表现等方面的记录和分析,以及为学生量身定制个性化的学习计划和教学方案。

其次,教学内容和教学资源的多样化和个性化需求日益增加,对档案信息管理和资源整合提出了更高的要求。随着教学资源的多样化和个性化,学生在学习过程中需要获取更加丰富和多样化的学习资源,而传统的档案管理往往无法满足这种需求。因此,档案管理需要通过建立健全的信息管理和资源整合机制实现不同资源的有效整合和共享,为学生提供个性化的学习资源和服务。

最后,教学改革还对教学评价和质量监控提出了更高的要求,需要档案管理制度提供更加全面和准确的教学数据支持。传统的教学评价往往以考试成绩为主,忽视了学生的综合素质和个性发展,难以客观、全面地评价教学效果和学生表现。因此,档案管理需要通过收集、分析和利用学生的学习数据和成绩信息,为教学评价和质量监控提供客观、准确的数据,实现教学评价的多样化和全面化。

综上所述,教学改革对高校学生档案管理提出了新的挑战和要求,需要其进行相应的调整和创新。档案管理需要更加注重个性化学习和教学评价,强化信息管理和资源整合,提供全面、准确的教学数据,助力教学改革的有效落实和质量提升。

(二)课程设置调整对档案管理的影响

随着教学改革的推进,课程设置也在不断调整和优化,以适应社会需求和学生发展的要求。这种课程设置的调整对高校学生档案管理产生了深远的影响。

首先,课程设置的调整带来了学生学习路径的变化,对档案管理的个性化支持提出了新的要求。在传统的教学模式下,学生的学习路径相对固定,大多数学生按照统一的课程设置和学习进度进行学习。然而，随着课程设置的调整，学生可以根据自身兴趣、能力和需求选择不同的课程和学习路径，实现个性化学习。这就要求档案管理能够及时记录和跟踪学生的学习路径和选择，为学生提供个性化的学习支持和指导。档案管理需要收集和分析学生的选课记录、学习成绩和学习计划等信息，为学生量身定制个性化的学习方案，并及时调整和优化。

其次，课程设置的调整还带来了教学评价的重新设计，对档案管理的数据支持提出了新的要求。随着课程设置的调整，学校需要重新设计教学评价体系，包括教学目标、评价指标、评价方法等。这就要求档案管理能够及时收集、分析和利用学生的学习数据和成绩信息，为教学评价提供客观、准确的数据。档案管理需要通过建立健全的数据管理和分析系统，实现对学生学习过程和成绩表现的全面记录和分析，为教学评价和质量监控提供有效支持。

综上所述，课程设置的调整对高校学生档案管理产生了深远的影响。档案管理制度需要更加注重个性化支持和资源整合，强化对学生学习路径和选择的记录和跟踪，及时了解和反映教学资源的配置情况，为教学评价提供客观、准确的数据，助力教学改革的有效落实和质量提升。

（三）学生评价体系更新对档案管理的影响

随着教学改革的深入推进，传统的学生评价体系也面临着被调整和更新的挑战。传统的学生评价主要以考试成绩为主，而在教学改革的背景下，学生评价体系逐渐向更加全面、多元化的方向发展。这种学生评价体系的更新对高校学生档案管理产生了重要影响。

首先，学生评价体系的更新要求更加关注学生的综合素质和能力发展，这对档案管理的数据支持提出了新的要求。传统的学生评价主要以学术成绩为主要依据，忽视了学生的综合素质和能力发展。而在教学改革的背景下，学生评价体系逐渐向更加全面、多元化的方向发展，不仅包括学术表现，还包括科研能力、实践能力、创新能力、团队合作能力等方面的评价。这就要求档案管理能够及时收集、记录和分析学生的综合素质和能力发展情况，为学生的个性化发展提供有力支持。档案管理需要建立健全的数据管理和分析系统，实现对学生综合素质和能力发展的全面记录和评估，为学生的个性化发展提供有效支持。

其次，学生评价体系的更新也要求更加注重学生的参与和反馈，这对档案管理的服务提出了新的要求。传统的学生评价主要由教师或学校进行评价，学生的地位较为被动。而在教学改革的背景下，学生评价体系逐渐向更加多元化、民主化的方向发展，强调学生的参与和反馈。学生不仅是评价的对象，还是评价的主体，可以根据自身的体验和感受对教学质量进行评价和反馈。这就要求档案管理能够及时收集、记录和分析学生的评价和反馈信息，为教学质量的改进提供有效支持。档案管理需要建立健全的评价信息管理系统，实现学生评价和反馈信息的及时收集和处理，为教学改革的持续优化提供有力支持。

最后，学生评价体系的更新还要求更加注重评价结果的应用，这对档案管理的数据应用提出了新的要求。传统的学生评价主要用于学生成绩的管理和教学质量的评估，应用范围较为有限。而在教学改革的背景下，学生评价体系更加注重评价结果的实用性，评价结果不仅可以用于学生成绩管理，还可以用于教学质量监控、课程改进、师资培训等方面。这就要求档案管理能够及时分析和利用学生评价数据，为学校的教学决策和管理提供有效支持。档案管理需要建立健全的数据分析和应用系统，实现学生评价数据的多维度分析和综合应用，为教学改革的持续优化提供有力支持。

综上所述，学生评价体系的更新对高校学生档案管理产生了重要影响。档案管理需要更加关注学生的综合素质和能力发展，建立全面的数据管理和分析系统。同时也需要更加注重学生的参与和反馈，建立健全的评价信息管理系统，促进学生评价的民主化和多元化。此外，还需要更加注重评价结果的应用，建立健全的数据分析和应用系统，为学校的教学决策和管理提供有效支持。通过对学生评价体系的更新，档案管理可以更好地适应教学改革的需要，为教学质量的提升和学生的个性化发展提供更加有效的支持和保障。

二、档案管理在教学改革中的优化方向

（一）建立跨部门、跨系统的档案信息共享机制

在教学改革中，学生档案管理的创新和调整需要更加注重数据整合与共享。传统上，不同部门或系统之间的档案管理往往是独立进行的，存在信息孤岛和数据割裂的问题，导致信息无法共享和利用。因此，建立跨部门、跨系统的档案信息共享机制成为必然。

首先，建立统一的数据整合平台。通过整合学生信息管理系统、教务系统、就业服务系统等相关系统，将学生的各类信息整合到一个统一的平台上，实现信息的集中存储和管理。这样做可以避免数据重复录入和冗余，提高数据的准确性和完整性。

其次，实现信息的跨系统共享。建立标准化的数据接口和信息交换机制，实现不同系统之间的数据共享和互通。例如，学生的基本信息、课程成绩、实习就业情况等可以在不同系统之间实现实时共享，为教学管理、学生发展和就业服务等提供更加全面和准确的数据。

最后，加强对数据共享的管理和保护。确保学生档案信息的安全和隐私，在信息共享过程中严格遵守相关法律法规和政策要求，采取有效措施加强数据的安全保护和权限管理，防止信息泄露和滥用。

通过建立跨部门、跨系统的档案信息共享机制，可以实现学生档案信息的统一管理和高效利用，为教学改革提供更加可靠的数据支持，为学校教学管理和学生服务提供更加便捷和有效的保障。

（二）加强对学生个性化发展的记录和指导

在教学改革的背景下，档案管理需要更加注重对学生个性化发展的记录和指导，以实现教学过程的个性化和差异化。个性化指导与服务是学校教学改革中的重要方向之一，档案管理则扮演着记录、分析和支持个性化教学的关键角色。

首先，建立健全的个性化发展档案。除了记录学生的基本信息、成绩情况等基础信息，还应该对学生的兴趣爱好、特长技能、学习习惯、个性特点

等进行详细记录。通过对学生个性化发展需求的全面了解，为提供更加精准的指导和服务奠定基础。

其次，实施个性化学习计划和指导。根据学生个性化发展档案的信息，制订针对性的学习计划和指导方案，帮助学生合理规划学习进程、选择适合自己的课程和实践活动，并提供个性化的学习辅导和指导。例如，针对不同学生的学习特点和需求，采取不同的教学方法和评价方式，实现个性化教学和评价。

最后，加强对学生发展过程的跟踪和反馈。通过对学生学习、成长、实践等方面的持续跟踪和评估，及时发现学生遇到的问题和困难，并为其提供个性化的解决方案和支持措施。同时，建立健全的反馈机制，促进学生、教师和管理者之间的信息交流和有效沟通，共同推动学生个性化发展目标的实现。

通过加强对学生个性化发展的记录和指导，档案管理可以更好地支持教学改革实践，为学生提供更加个性化、差异化的学习体验和服务，促进其全面发展和自我实现。

（三）优化档案信息的使用，提升教学质量评估效果

教学改革的实施需要不断地评估和反馈教学效果，以及时发现问题并进行改进。在这一过程中，档案管理可以发挥重要作用，通过优化档案信息的使用，提升教学质量评估的效果和水平。

首先，建立完善的教学质量评估体系。在档案管理系统中记录学生的学习情况、成绩表现、课程反馈等信息，构建全面、多维度的教学质量评估指标体系。这些指标可以包括学生学习成绩、学业进展情况、课程满意度等方面，旨在全面、客观地评价教学质量。

其次，充分利用档案信息进行教学质量评估。通过对学生档案数据的分析和挖掘，深入了解学生的学习状态和表现，发现教学中存在的问题和不足之处。可以对比不同学生、不同课程、不同教学方法等因素，评估其对教学质量的影响，为教学改进提供科学依据。同时，及时反馈评估结果，促进教学质量的持续提升。将评估结果及时反馈给教师和管理者，引导其根据评估

结果进行教学改进和优化。同时向学生提供个性化的反馈和建议，帮助他们更好地调整学习策略和提升学习效果。通过不断地评估和反馈，推动教学质量的持续改进，实现教学目标。

最后，建立健全的评估机制和流程，确保评估工作的科学性、公正性和规范性，保障评估结果的准确性和可信度。同时，加强对评估结果的分析和解读，及时总结经验教训，为今后的教学改革提供经验借鉴和指导。

通过优化档案信息的使用提升教学质量评估效果，可以更好地支持教学改革的实施，促进教学质量的持续提升，实现高校教育的全面发展目标。

（四）借助新技术手段改进档案管理系统，提高效率和服务水平

随着信息技术的不断发展和应用，高校学生档案管理制度也面临着应用新技术的挑战和机遇。在教学改革的背景下，通过应用创新技术可以进一步优化档案管理制度，提高管理效率和服务水平，推动高校教育的现代化发展。

首先，引入大数据和人工智能技术，优化档案信息管理。通过大数据技术分析学生档案数据，挖掘学生学习、成长、行为等方面的信息，为学校提供决策支持和智能化管理服务。借助人工智能技术实现对学生档案信息的自动化处理和智能化识别，提高档案管理的效率和精度。

其次，建立云端档案管理平台，实现信息共享和协同办公。通过建设云端档案管理平台将学生档案信息存储于云端，实现跨部门、跨系统的信息共享和统一管理。教师、辅导员、学生等各方可以在任何时间、任何地点访问和更新档案信息，提高信息的及时性、完整性和准确性。

再次，开发移动应用程序，便捷学生档案管理服务。利用移动应用程序，学生可以方便地查阅个人档案信息、提交相关申请、参与学校活动等。同时，教师和管理人员也可以通过移动应用程序实时跟踪和管理学生档案信息，提高管理的便捷性和灵活性。

最后，加强信息安全保障，确保档案信息的安全和隐私。在引入新技术的过程中，加强对档案信息的安全管理和控制，采取合适的技术手段和措施，防止信息泄露和滥用。同时，建立健全的信息安全管理制度和监管机

制,加强对档案信息的监控和审查,保障学生个人信息的安全和合法使用。

通过应用创新技术改进档案管理系统,可以提高档案管理的效率和服务水平,满足教学改革对档案管理制度的新需求,推动高校学生档案管理制度的现代化和智能化发展。

第三节　教学改革为高校学生档案管理带来机遇与挑战

一、教学改革为档案管理带来的机遇

(一)强调个性化教学与学习,促进档案管理的个性化发展

教学改革所强调的个性化教学与学习为档案管理带来了广阔的发展空间和机遇。个性化教学意味着根据学生的个体差异和学习需求量身定制教学内容、教学方法和学习路径,以提高教学效果和学生学习动力。在这一背景下,档案管理可以得到以下发展机遇和空间:

(1)个性化档案管理需求增加:学生的个性化学习以及针对学生的个性化教学需要更加精细化的数据支持,包括学生的学习兴趣、学习习惯、学习进度等个性化信息。因此,个性化档案管理成为必要,档案管理需要收集、分析和利用大量学生数据,为个性化教学和学习提供支持和指导。

(2)智能化档案管理工具的开发与应用:针对个性化教学和学习的需求,可以开发智能化的档案管理工具和系统,通过人工智能和大数据技术实现对学生档案数据的智能分析和个性化推荐。这些工具可以根据学生的学习特点和需求,提供定制化的学习路径和资源推荐,为学生提供更加个性化的学习支持。

(3)数据驱动的教学决策及其优化:个性化教学和学习需要依赖大量的学生数据支持,包括学习成绩、学习行为、学习偏好等。档案管理可以通过收集和分析这些数据为教师和教学管理者提供数据驱动的决策支持,帮助他们更好地了解学生的学习情况和需求,优化教学设计和教学管理。

(4)个性化学习环境的构建与优化:基于个性化教学和学习的需求,可

以构建更加灵活和个性化的学习环境和学习资源库，为学生提供丰富多样的学习资源和学习工具，满足不同学生的学习需求和兴趣。档案管理可以通过记录和分析学生的学习偏好和兴趣，为学校和教师提供有针对性的学习资源和服务，优化个性化学习环境的构建和运营。

（5）个性化教学模式的创新与实践：个性化教学模式的创新与实践将成为教学改革的重要方向之一。在这一过程中，档案管理将扮演重要角色，为个性化教学模式的设计、实施和评估提供数据支持和技术保障。档案管理可以通过记录和分析学生的学习行为和学习成果，为教学模式的优化和改进提供依据和参考，推动个性化教学模式的创新与实践。

（二）推动教学信息化，提升档案管理的数字化水平

教学改革所推动的教学信息化进程为高校学生档案管理带来了巨大的发展机遇和空间。随着教学信息化的不断深入，档案管理也呈现出数字化、智能化、便捷化等特点。

（1）数字化档案管理的实现：教学信息化推动学生档案管理的数字化转型。数字化档案管理可以有效地整合、存储和管理大量的学生档案信息，提高档案管理的效率和质量。教学信息化系统的建设和应用使学生档案可以实现电子化存储、管理和查询，极大地提升了档案管理的便捷性和可靠性。

（2）数据化决策支持：教学信息化系统可以收集、分析和利用学生的学习数据，为学校和教师提供数据化的决策支持。通过分析学生的学习行为、学习成绩和学业发展情况等数据，学校可以更加全面地了解学生的学习情况和需求，为教学改革和学生管理提供科学依据。

（3）个性化服务和指导：教学信息化系统可以根据学生的个性化需求和学习情况，为其提供个性化的学习服务和指导。通过分析学生的学习数据和行为模式，系统可以为学生提供定制化的学习路径和学习资源、个性化的学习建议和指导，从而提高学生的学习效果和满意度。

（4）智能化档案管理工具的开发与应用：随着人工智能和大数据技术的发展，智能化的档案管理工具和系统开始得到广泛应用。这些工具可以通过对学生档案数据的智能分析和挖掘，为学校和教师提供智能化的档案管理服务和决策支持，提高档案管理的效率和质量。

（5）信息共享与协同办公：教学信息化系统可以实现学生档案的信息共享和协同办公，促进教学管理部门、教师和学生之间的信息共享和互动。这种信息共享和协同办公模式可以提高教学管理的效率和透明度，促进教学资源的优化配置和利用。

综上所述，教学改革所推动的教学信息化进程为高校学生档案管理带来了数字化、智能化、个性化、信息化等方面的发展机遇和空间。通过充分利用教学信息化技术和工具，学校可以进一步提升学生档案管理的效率和质量，为教学改革和学生发展提供有力支持。

（三）强化实践教学，拓展档案管理的应用领域

教学改革的一个重要方向是强化实践教学，这为高校学生档案管理带来了发展机遇和空间。实践教学是教学改革的重要内容之一，旨在通过实践活动提升学生的实际操作能力、创新能力和解决问题的能力，从而更好地适应社会发展的需要。实践教学的加强不仅对教学质量提高和学生素质培养具有重要意义，也为档案管理的应用提供了广阔的空间和机遇。

（1）拓展实践教学场景、丰富档案管理内容：实践教学是学生学习的重要组成部分，通过参与各种实践活动，学生可以将理论知识应用到实际中，培养其解决问题的能力和实践操作技能。在实践教学中，学生产生的丰富实践数据和成果需要被有效地记录和管理，这就为档案管理提供了新的内容和挑战。学生在实践活动中的参与情况、实践成果和相关证明材料等都可以成为档案管理的重要内容，为学生的综合素质评价和个性化发展提供数据支持。

（2）建立实践教学档案管理体系，提升档案管理水平：针对实践教学的特点和需求，建立完善的实践教学档案管理体系至关重要。这一体系应包括实践教学档案的记录、存储、查询和应用等环节，以确保学生实践活动的信息能够得到及时、准确和全面地记录和管理。同时，实践教学档案管理体系还应与学校的教务管理系统和学生信息系统相结合，实现实践教学数据与学生档案数据的无缝对接和共享，提高档案管理的整体效率和水平。

（3）利用实践教学数据支持教学评价和质量改进：实践教学活动产生的丰富数据不仅可以用于学生档案管理，还可以为教学评价和质量改进提供重要依据。通过分析实践教学数据，学校和教师可以更加全面地了解学生的实践能力、创新能力和解决问题的能力，从而更好地评价教学效果和质量。基于实践教学数据的教学评价和质量改进可以帮助学校和教师更好地调整和优化教学内容和方式，提高教学的针对性和有效性。

（4）强化学生档案管理在实践教学中的应用与实践：在实践教学中，学生档案管理的应用需要得到进一步加强和拓展。学校可以通过建立实践教学档案管理平台或系统，为学生提供方便、快捷的档案管理服务和支持。同时，学校还可以加强对学生档案管理平台或系统的宣传和培训，提高学生对档案管理的重视和参与度，从而进一步推动学生档案管理在实践教学中的应用与实践。

总之，实践教学的强化为高校学生档案管理带来了新的发展机遇和空间。学校和教师应积极借助实践教学的机会，加强对学生档案管理的建设和应用，促进教学改革的深入实施和不断完善。

二、教学改革为档案管理带来的挑战

（一）现代教学模式对档案管理的影响

在教学改革的浪潮下，传统的教学模式正在经历着深刻的变革，从以教师为中心的传统教学向以学生为主体的现代教学转变，教学模式的变革对档案管理带来了深刻的影响。传统的教学模式通常以面对面教学为主，学生在课堂上接受知识传授和指导，而档案管理主要侧重于记录学生成绩和学习进展。然而，随着教育技术的不断发展和教学理念的更新，现代教学模式逐渐呈现出多样化、个性化和综合化的趋势，对档案管理带来以下影响。

（1）数字化档案需求增加：传统的课堂教学已不能满足多样化的学习需求，教学活动多样化、场景化导致档案数据的种类和数量增加，而且涉及不同学科、不同层次的学生，增加了档案管理的难度和复杂性。随着教学模式的数字化转型，越来越多的教学资源以电子化形式存在。这导致了学生档案管理需要更多地转向数字化,包括电子成绩单、在线作业记录等,以适应新的教学环境。

(2)学习轨迹多样化:在以教师为中心的传统教学模式下,教师对学生的指导和监督占主导地位,而在现代教学模式下,学生参与度增加,学习活动更加多元化,导致教学过程中产生的信息大幅增加,需要更高效的档案管理系统来处理和存储这些信息。现代教学模式强调个性化学习和学生参与度的提高,因此,学生的学习轨迹变得更加多样化和复杂化。档案管理需要更灵活地跟踪和记录学生的学习进展,包括在线课程的参与情况、学习笔记、参与讨论等,以便全面评估学生的学习情况。

(3)实时数据反馈需求增加:随着教学理念的转变,教学质量评估不再仅仅注重学生的学习成绩,更加注重学生的综合素质、创新能力和实践能力等方面。现代教学模式注重实时反馈和个性化指导,教师和学生需要及时了解学习进展和问题,并及时进行调整。因此,档案管理需要提供更多元化、多维度的信息支持,以满足教学质量评估的需求,提供实时的学生数据反馈功能,包括学习成绩、作业完成情况、在线测试结果等,以帮助教师和学生及时了解学习情况并作出调整。

(4)数据安全与隐私保护挑战:教学改革下,档案数据的收集、存储和使用更加频繁和广泛,其中包括学生个人信息、学习成绩、评价记录等敏感信息,因此,如何保障档案数据的安全和隐私成为一项重要挑战。教学模式的变革带来了更多敏感数据的生成和流动,因此,档案管理需要更加重视数据安全和隐私保护,确保学生档案数据不被泄露或滥用,同时满足学校和政府的数据管理要求。

(5)个性化学习支持需求增加:教学改革倡导以学生为中心的教学理念,注重发挥学生个体差异,满足其个性化学习需求。这意味着学生的学习轨迹、成长路径更为多样化,对档案管理提出了更高的个性化需求,需要档案管理系统能够灵活应对不同学生的需求。现代教学模式倡导个性化学习和自主学习,要求档案管理能够根据学生的学习特点和需求,提供个性化的学习支持和指导。因此,档案管理需要收集并分析学生的学习数据,为学生提供定制化的学习建议和资源推荐。

（二）教学内容更新对档案管理的挑战

教学改革的一个重要方面是教学内容的更新和优化。随着社会科技的快速发展和知识的不断更新，传统的教学内容已经不能满足当今时代的需求，因此，教学内容的更新至关重要。而教学内容的更新对高校学生档案管理提出了新的挑战。

（1）知识更新速度加快：教学内容的更新速度加快，新知识、新理论层出不穷，传统的教材和课程已经无法覆盖最新的知识领域。这就要求档案管理系统能够及时更新学生的学习记录和成绩信息，以便反映学生掌握的最新知识和能力。

（2）跨学科教学的增加：教学改革倡导跨学科、综合性的教学模式，使不同学科之间的边界变得模糊，教学内容更加综合和多样化。这就需要档案管理系统能够跨学科地记录和管理学生的学习情况和成绩，为学生提供更全面的学习支持。

（3）教学资源多样化：随着网络技术的发展，教学资源变得越来越丰富和多样化，包括在线课程、开放式课程、视频教学等。这就需要档案管理系统能够整合和管理各种形式的教学资源，为学生提供更多元化的学习支持。

（4）个性化学习需求的增加：教学内容的更新也意味着学生学习的个性化需求不断增加。不同学生有不同的学习兴趣、学习风格和学习节奏，因此，档案管理系统需要能够根据学生的个性化需求提供个性化的学习支持和指导。

（5）教学评估的多样性：教学内容的更新也带来了对教学效果更加严格的评估要求。传统的教学评估以考试成绩为主，但教学改革后，教学评估更加注重学生的综合素质和能力发展。因此，档案管理系统需要能够支持多样化的教学评估方式，为教师和学校提供更准确、全面的评估数据。

（三）教学资源整合对档案管理的要求

教学改革背景下，教学资源整合对档案管理提出了新的要求。教学资源整合是指将各种教学资源（包括课程内容、教材、教学活动、多媒体资源等）整合到一起，形成统一的教学体系，以提升教学效果和学生学习体验。

在这一过程中，档案管理面临以下要求：

（1）多元化资源整合需求：随着教学内容的丰富和多样化，教学资源也变得更加多元化，包括文字、图片、视频、音频等多种形式。档案管理需要能够有效整合这些多样化的教学资源，保证学生档案记录的完整性和准确性。

（2）数据标准化与一致性要求：教学资源具有不同的来源，可能存在数据格式、标准和结构的差异。为了实现教学资源的有效整合和共享，档案管理需要统一教学资源的数据标准和格式，保证数据的一致性和可比性。

（3）跨平台数据互通需求：教学资源可能存储在不同的平台和系统中，如教学管理系统、在线学习平台、数字图书馆等。档案管理需要能够实现跨平台的数据互通和共享，确保学生档案数据在不同系统间的无缝传递和共享。

（4）信息安全与保护需求：教学资源中可能包含敏感信息和个人隐私，如学生作业、考试成绩等。在进行教学资源整合的过程中，档案管理需要重视信息安全和隐私保护，确保教学资源的使用和共享符合相关法律法规和学校政策。

（5）教学资源评估和质量监控需求：教学资源的质量直接影响教学效果和学生学习成果。档案管理需要建立完善的教学资源评估和质量监控机制，及时发现和解决教学资源中存在的问题，确保教学资源的质量和有效性。

（6）个性化学习支持需求：教学资源整合需要考虑学生个体差异和学习需求，为不同学生提供个性化的学习支持和资源推荐。档案管理需要收集和分析学生的学习数据，为个性化学习提供数据支持和参考依据。

第八章　高校学生档案管理与校企合作

第一节　校企合作概述

一、校企合作的定义

校企合作是指学校与企业之间在教育教学、科研创新、人才培养等方面开展密切合作与交流的一种合作关系。它不仅限于学生实习就业，还包括双方在人才培养、科研项目、技术转移等方面的合作。

校企合作是高校与企业之间紧密联系、互惠共赢的一种合作模式。它通过学校的专业优势和企业的实践需求相结合，实现人才培养的质量提升、科研成果的转化和社会服务的拓展。

校企合作不仅是高校培养人才的重要途径，也是企业获取人才、技术和创新资源的重要渠道。它有利于搭建校企之间的桥梁，促进产教融合、产学研用紧密结合，推动人才培养与社会需求的有效对接。校企合作形式包括但不限于双向合作、校企共建实习基地、联合研发项目、校企合作办学等。这些形式能够促进学校和企业资源的共享与互补，提高人才培养的适应性和实效性。

二、校企合作的重要性和意义

（一）适应产业结构调整的需要

随着经济结构的不断优化和转型升级，企业对人才的需求也发生了变化，更加强调人才的实践能力、创新能力和综合素质。校企合作能够使学校更加贴近产业发展的需求，有针对性地调整专业设置、教学内容和培养模式，为产业结构调整提供人才支撑。

（二）推动技术创新和科技成果转化

校企合作为技术创新和科技成果转化提供了良好的平台。通过与企业开展合作研发项目，学校可以将科研成果应用于实际生产，加速科技成果的转化和产业化，推动科技创新和经济发展的良性循环。

（三）提升人才培养质量和就业竞争力

校企合作能够使学生接触真实的工作环境和业务流程，提升其实践能力和就业竞争力。通过参与企业项目实践、实习实训等活动，学生可以更好地了解职业要求、提升专业技能，增强自身的综合素质和创新能力，为未来的就业和职业发展打下坚实的基础。

（四）促进产业与教育的融合发展

校企合作有利于促进产业与教育的融合发展，实现产教融合、产学研用一体化。通过与企业合作开展产业研究、技术创新和人才培养等活动，学校可以更好地了解产业需求、调整教育教学内容，为培养适应社会发展需要的人才提供更加有效的保障。

（五）增强社会责任感和使命感

校企合作使学校更加注重服务社会、回馈社会，增强了学校的社会责任感和使命感。通过为企业提供人才支持、解决实际问题等方式，学校能够更好地发挥其在社会发展中的作用，为经济社会的可持续发展做出积极贡献。

综上所述，校企合作在当前经济社会背景下具有重要的意义和价值，对于推动产业升级、促进科技创新、提升人才培养质量和服务社会发展都起到了积极的推动作用。

三、校企合作的发展趋势和特点分析

（一）深化产教融合，实现产学研用一体化

随着经济全球化和产业结构的不断调整，校企合作将更加注重产学研用一体化。这意味着学校、企业和科研机构之间的合作将更加紧密，形成更加

有效的创新生态系统，推动科技成果更快地转化为生产力。

（二）强化实践教学，提升人才培养质量

未来的校企合作将更加注重实践教学，为学生提供更多的实践机会和实践平台。企业将更多地参与教学过程，为学生提供实践项目、实习实训和工程实践机会，帮助学生更好地掌握专业知识和实践技能。

（三）拓展合作领域，多元化合作模式

未来的校企合作将不再局限于传统的实习就业领域，而是拓展到更多的领域和层面。除了实习就业，学校和企业还可以在科研合作、技术创新、人才培养等方面开展合作，形成多元化的合作模式，提高合作的广度和深度。

（四）加强信息化建设，提升合作效率和质量

信息技术的发展将为校企合作提供更多的可能性。未来的校企合作将更加依赖于信息化手段，利用大数据、人工智能等技术实现信息共享、资源共享和协同合作，提高合作的效率和质量。

（五）注重共赢合作，实现互利共赢

未来的校企合作将更加注重共赢合作，实现双方的互利共赢。学校和企业将更加平等地参与合作，充分发挥各自的优势，实现资源优化配置和价值最大化，共同推动教育教学、科研创新和产业发展。

综上所述，未来校企合作的发展趋势将更加多元化和开放化。随着社会经济的不断发展和教育理念的不断更新，校企合作将不断创新和完善，为人才培养和社会发展作出更大的贡献。

第二节　校企合作中的高校学生档案管理

一、高校学生档案管理在校企合作中的重要性

（一）学生档案管理在校企合作中的角色

（1）提供可靠的信息支持：学生档案是学生个人学习和成长的重要记录，其中包含了学生的学业成绩、实习经历、获奖情况等信息。在校企合作

中，学生档案为企业提供了可靠的信息支持，帮助企业了解学生的基本情况、专业能力和个人素质，为企业招聘、实习生培训等提供参考依据。

（2）为学生提供就业和实习机会：学生档案管理可以帮助学校和企业更好地匹配学生与企业的需求，为学生提供更多的就业和实习机会。通过学生档案管理，学校可以及时向企业推荐符合条件的学生，并为学生提供更多的实习和就业机会，促进学生顺利就业。

（3）加强校企沟通与合作：学生档案管理是学校与企业之间沟通和合作的桥梁。学校可以通过学生档案向企业介绍学生的情况和能力，为企业提供合适的人才资源；而企业也可以通过学生档案向学校反馈学生的实习表现和岗位需求，使校企之间的合作更加密切。

（4）保障学生权益和个人信息安全：在校企合作中，学生档案管理可以保障学生的权益和个人信息安全。学校和企业可以通过严格的档案管理制度和信息安全措施，确保学生档案的隐私不被泄露和滥用，保护学生的合法权益和个人信息安全。

（5）促进校企合作的持续发展：学生档案管理作为校企合作的重要环节，对校企合作的持续发展起着关键作用。通过学生档案管理，学校和企业可以建立长期稳定的合作关系，共同推动校企合作的深入发展，为人才培养和产业发展提供持续的支持和保障。

综上所述，学生档案管理在校企合作中扮演着至关重要的角色，对于促进学生就业、加强校企合作、保障学生权益和推动校企合作的持续发展具有重要意义。随着校企合作的不断深化和拓展，学生档案管理将发挥越来越重要的作用，为高校和企业合作共赢、共同发展提供有力支持。

（二）档案管理对校企合作的支撑和保障作用

（1）信息共享与匹配：学生档案管理为学校和企业提供了一个信息共享的平台。通过档案管理系统，学校可以将学生的个人信息、学习成绩、实习经历等数据整合在一起，为企业提供全面的学生档案信息。企业可以根据学生档案系统的信息精准匹配人才需求，提高招聘的效率。

（2）人才培养与需求对接：学生档案管理帮助学校更好地了解企业的需

求和行业动态，从而调整和优化人才培养方案。通过分析企业对学生的要求和期望，学校可以针对性地调整课程设置、实践安排和教学方法，提高学生的就业竞争力和适应能力，从而更好地满足企业的需求。

（3）质量监控与评估：学生档案管理可以帮助学校和企业监控和评估学生的学习表现和综合素质。通过档案管理系统，学校和企业可以实时了解学生的学习情况、实践成果和个人能力，及时发现问题和挖掘潜力，为学生的个性化发展和职业规划提供有效支持。

（4）安全保障与隐私保护：学生档案管理系统有助于确保学生个人信息的安全和隐私保护。学校和企业可以通过建立健全的档案管理制度和信息安全体系，保障学生档案信息的安全性和完整性，防止信息泄露和被滥用，维护学生的合法权益和个人隐私。

（5）加大校企合作的深度与广度：学生档案管理是校企合作的重要支撑和保障。通过档案管理系统，学校和企业可以建立起稳定、持续的合作机制，促进校企之间的深度合作和资源共享，共同推动校企合作的深度与广度，为双方的长期发展提供有力支持。

总的来说，学生档案管理在校企合作中具有重要的支撑和保障作用。通过信息共享与匹配、人才培养与需求对接、质量监控与评估、安全保障与隐私保护等方面的作用，学生档案管理促进了校企之间的紧密合作与深度交流，为高校和企业搭建起一个有效的合作平台，推动了校企合作的持续发展和双方的共同进步。

（三）校企合作对学生档案管理的需求

（1）精准匹配人才需求：企业在校企合作中最关注的是能否获得符合其需求的优秀人才。因此，企业希望学校能够提供详实的学生档案信息，包括学生的学习成绩、实习经历、专业技能等，以便更好地了解学生的能力和潜力，从而精准匹配人才需求。

（2）信息透明和实时性：企业希望学校的档案管理系统能够提供信息实时更新的服务。他们需要及时获取学生的最新信息，了解学生的学习进展和成绩表现，以便及时调整招聘计划和人才需求，确保招聘工作的顺利进行。

（3）个性化人才培养支持：企业希望学校的档案管理系统能够支持个性化人才培养需求。他们需要了解学生的个性化发展路径和特长，以便为学生提供个性化的培养计划和职业指导，帮助学生更好地适应企业的发展需求。

（4）安全保障和隐私保护：企业对学生档案信息的安全性和隐私保护非常关注。他们希望学校能够建立健全的档案管理制度和信息安全体系，保障学生档案信息的安全和完整，防止信息泄露和被滥用，维护学生的合法权益和个人隐私。

（5）合作机制和流程优化：企业希望学校能够建立起稳定、持续的合作机制和流程，提高合作的效率和质量。他们需要学校能够与企业紧密合作，共同制定合作计划和流程，共享资源和信息，促进校企之间的深度交流与合作，实现双方的共同发展和利益最大化。

总的来说，校企合作对学生档案管理有一定的需求和期待。学校需要充分理解企业的需求和期待，加强与企业的沟通与合作，不断优化学生档案管理服务，提升学生档案管理水平，以更好地满足校企合作的需要，促进学生就业和职业发展。

二、校企合作模式与学生档案管理

（一）实习模式

实习模式是校企合作中常见的一种形式，通过安排学生到企业实习，让学生在实践中提升专业技能、增长工作经验，促进学生的职业素养和就业能力的提高。在实习模式中，高校学生档案管理发挥着重要的作用，为实习过程提供信息支持和管理保障。

（1）实习安排与管理：学校可以通过学生档案管理系统对学生的实习安排进行记录和管理。学生档案中包含了学生的个人信息、专业背景、就业意向等内容，学校可以根据这些信息为学生匹配适合的实习岗位，并跟踪管理学生的实习过程。通过档案管理系统，学校可以及时了解学生的实习情况，进行实习评价和指导，帮助学生更好地完成实习任务。

（2）实习成果记录与评价：学校可以利用学生档案管理系统记录学生的

实习成果和表现。学校可以根据学生在实习期间的工作表现、成绩、评价等信息，对学生的实习进行评价和考核。通过档案管理系统，学校可以建立实习评价体系，为学生提供客观、公正的评价，并根据评价结果为学生提供进一步的职业规划和指导。

（3）实习证明与记录：学校可以利用学生档案管理系统为学生提供实习证明和相关记录。学校可以根据学生的实习情况和表现为学生提供实习证明和证书，用以证明学生在实习期间的工作经历和能力。通过档案管理系统，学校可以方便地记录学生的实习经历和成果，为学生的个人发展和求职提供有力支持。

综上所述，实习模式是校企合作中一种重要的合作模式，学校通过学生档案管理系统对学生的实习安排、成果评价等进行记录和管理，为学生提供了有效的实习支持和管理保障，促进了学生的职业素养和就业能力的提升。

（二）就业模式

就业模式是校企合作中另一种常见的合作形式，旨在通过学校与企业的合作为毕业生提供就业机会和职业发展支持。在就业模式下，学生档案管理发挥着重要的作用，为学生就业提供信息支持和服务保障。

（1）就业信息的收集与发布：学校可以利用学生档案管理系统收集并管理学生的就业意向和信息。学校可以通过档案管理系统了解学生的求职意向、期望职位、就业地域等信息，并将这些信息与企业的需求匹配。同时，学校可以利用档案管理系统发布企业的招聘信息和就业岗位，为学生提供就业机会和职业选择。

（2）就业指导与辅导：学校可以利用学生档案管理系统为学生提供就业指导和职业规划服务。学校可以根据学生的个人情况和求职意向为学生提供个性化的职业咨询和就业辅导。通过档案管理系统，学校可以记录学生的就业情况和就业意向，为学生提供针对性的就业建议和指导，帮助学生更好地进行职业规划和就业准备。

（3）就业结果的跟踪与反馈：学校可以利用学生档案管理系统跟踪学生的就业结果并进行反馈。学校可以记录学生的就业情况和就业结果，包括就业单位、职位、薪资待遇等信息，并对学生的就业情况进行分析和评估。通过档案管理系统，学校可以及时了解学生的就业情况，为学校的就业工作提供数据支持和评估依据，促进学校的就业工作持续改进和提升。

综上所述，就业模式是校企合作中一种重要的合作模式，学校通过学生档案管理系统收集、发布就业信息，提供就业指导和辅导服务，跟踪学生的就业情况，为学生提供全方位的就业支持和服务，促进学生顺利就业和职业发展。

（三）联合培养模式

联合培养模式是高校与企业合作的一种重要形式，旨在通过学校与企业的合作共同培养适应社会需求的优秀人才。在联合培养模式下，学校与企业共同承担学生培养责任，通过共同设计培养方案、共同组织培训实践等方式，促进学生的综合素质和职业能力的提升。

（1）合作培养方案的制订：在联合培养模式下，学校与企业可以共同设计培养方案，利用学生档案管理系统中的相关信息，根据企业的实际需求和学校的教学资源，确定培养目标、培养计划和培养内容。学校可以根据企业的需求调整课程设置和教学内容，提高教学的针对性和实用性，为学生的职业发展提供更好的支持和保障。

（2）实践教学的开展：联合培养模式强调实践教学的重要性，学校与企业可以共同组织实践教学活动，为学生提供更丰富的实践机会和实践平台。学校可以与企业合作开展实习、实训、项目合作等实践活动，让学生在实际工作中学习和成长，提高学生的实践能力和职业素养。学校可以利用学生档案管理系统为学生匹配适合的实践活动，并跟踪管理学生实践过程，帮助学生更好地完成实践任务。

（3）导师制度的建立：在联合培养模式下，学校与企业可以建立导师制度，为学生提供个性化的指导和支持。企业可以派遣专业人员担任学生的导师，为学生提供专业技术指导和职业发展建议；学校也可以安排专业教师担任学生的导师，对学生进行学业指导和职业规划。通过导师制度，学生可以得到更个性化、更专业化的指导和支持，更好地适应社会需求和职业发展。

而学校可以利用学生档案管理系统跟踪和记录导师的指导和支持，了解学生的最新发展，以更好地管理和培养学生。

综上所述，联合培养模式是一种重要的校企合作模式，通过学校与企业的共同努力，为学生提供更丰富的学习资源和实践机会，促进学生的综合素质和职业能力的提升，实现高校人才培养目标与企业需求的良性互动与融合。

三、校企合作模式下的档案管理流程与操作机制

（一）实习档案管理流程与操作机制

在校企合作模式下，实习档案管理是关键环节之一，涉及学生在企业实习期间的各项记录和评价。以下是实习档案管理的典型流程及操作机制。

1. 典型流程

（1）实习计划制定阶段：学校和企业根据学生专业和实习要求共同制订实习计划，明确实习目标、任务和期限。在实习计划确定后，学校负责为学生建立实习档案，包括个人基本信息、实习计划、指导老师等内容。

（2）实习执行阶段：实习期间，学生在企业指导老师的指导下进行实习活动，企业对学生的实习过程进行督导和评价。学生需要定期向企业提交实习报告或成果，企业对学生的实习成果进行记录和评价，并提供反馈意见，学校需要对以上信息进行跟踪和记录。

（3）实习总结和评价阶段：学生完成实习后需要对自己的实习经历进行总结和自我评价，提出自己的收获和不足。企业对学生的实习表现进行评价和反馈，包括工作态度、专业能力、团队合作能力等方面。学校需要对以上信息进行跟踪和记录。

（4）实习档案归档与整理阶段：实习结束后，学校负责对学生实习档案进行归档和整理，确保档案的完整性和准确性。学校和企业可以根据需要共享学生实习档案，为学生的学习和就业提供支持和参考。

2. 操作机制

（1）信息系统支持：学校和企业可以建立专门的实习管理信息系统，通过电子化手段记录和管理学生的实习档案，包括实习计划、实习报告、评价

结果等。

（2）沟通协调机制：学校和企业建立定期沟通和协调机制，及时了解学生的实习情况和问题，并共同解决学生在实习过程中遇到的困难和挑战。

（3）指导老师参与：学校指导老师参与实习过程中的指导和评价，与企业指导老师密切合作，共同监督和管理学生的实习活动。

（4）档案保密措施：学校和企业建立档案保密制度，确保学生实习档案的安全和保密，防止档案信息泄露和不当使用。

以上是在校企合作模式下实习档案管理的流程及操作机制。有效的档案管理可以全面记录和评估学生的实习表现，为学生的职业发展提供有力支持。

（二）就业档案管理流程与操作机制

在校企合作模式下，就业档案管理是至关重要的环节，涉及学生毕业后的就业信息记录、跟踪和反馈。以下是就业档案管理的典型流程和操作机制。

1. 典型流程

（1）就业信息收集阶段：首先，学校负责收集毕业生的基本信息，包括个人简历、求职意向、就业意向地等。其次，学校将学生的就业信息录入学生档案系统，建立学生就业档案，包括就业单位、职位、薪资等信息。

（2）就业信息反馈阶段：一方面，学校通过与企业的沟通，及时了解和更新学生的就业信息，确保档案信息的准确性和及时性；另一方面，学校向学生提供就业信息反馈，包括就业岗位匹配情况、薪资待遇、行业发展趋势等，为学生提供就业指导和建议。

（3）就业档案归档与管理阶段：首先，档案归档。学校负责对学生的就业档案进行整理和归档，确保就业信息的安全和完整。其次，档案共享与利用。学校可以将学生的就业档案共享给相关部门和企业，为学生的职业发展提供参考和支持。

（4）就业质量评价阶段：首先，学校通过就业跟踪调查学生的就业情况和就业质量，包括就业单位、职位、薪资待遇等。其次，学校对学生的就业情况进行评价，包括就业岗位的适配度、薪资水平、职业发展前景等，为学校的就业工作提供参考。

2.操作机制

（1）信息系统支持：学校可以建立专门的就业信息管理系统，实现学生就业信息的录入、查询和统计分析，提高信息管理效率和准确性。

（2）定期沟通协调：学校与企业建立定期沟通和协调机制，及时了解学生的就业需求和市场需求，保持信息畅通和沟通顺畅。

（3）指导服务保障：学校提供就业指导和服务保障，帮助学生解决就业问题和困难，提高学生的就业竞争力和就业满意度。

（4）档案信息安全保护：学校加强对学生就业档案信息的安全保护，建立档案保密制度，防止档案信息泄露和不当使用。

以上就业档案管理机制的建立和实施可以有效支持和促进学生的就业工作，提升就业服务的质量和水平，为学生的职业发展提供有力保障。

（三）联合培养档案管理流程与安全保障机制

联合培养是高校与企业合作的一种重要模式，旨在通过学校与企业的合作共同培养适应市场需求的优秀人才。在这一模式下，学生的档案管理至关重要，以下是联合培养档案管理的典型流程与安全保障机制。

1.典型流程

（1）合作协议签订与信息共享：第一，合作协议签订。学校与企业签订联合培养协议，明确双方的责任和义务，包括学生培养方案、实践环节安排等。第二，信息共享。学校与企业建立信息共享机制，确保学生在企业实践期间的学习情况和表现能够及时反馈给学校。

（2）实践计划制定：学校根据联合培养协议制定学生实践计划，明确学生在企业实践的内容、目标和要求。

（3）实时反馈与指导：企业为学生分配专业导师，负责指导学生的实践活动，学校与企业及时沟通学生实践活动信息、密切合作，确保学生的实践活动能够顺利进行。

（4）成果汇总与评价：第一，成果汇总。学校将学生在企业实践的成果汇总，并将其作为学生学业发展的一部分纳入学生档案系统。第二，成果评价。学校与企业对学生在联合培养过程中的成果作出评价，包括学生的专业能力、工作态度等方面。

2. 档案安全保障机制

（1）信息保护：学校与企业加强对学生档案信息的保护，确保学生隐私和个人信息安全。

（2）权限管理：学校建立档案信息权限管理机制，确保只有授权人员才能查阅和修改学生档案信息。

通过以上联合培养档案管理流程与安全保障机制的建立和实施，学校和企业能够更好地协作，共同培养出适应市场需求的优秀人才，为学生的职业发展提供更加有力的支持和保障。

四、校企合作中学生档案管理实践案例分析

（一）实习档案管理案例分析

实习是高校学生接触职业领域的重要途径之一。在校企合作中，实习档案管理发挥着重要的作用。以下是一个实习档案管理的案例分析。

1. 案例背景

某大学与多家知名企业建立了紧密的校企合作关系，为学生提供丰富的实习机会。学校为了更好地管理学生的实习过程和成果，采取了一系列档案管理措施。

2. 管理措施

（1）实习计划与安排：学校通过学生档案管理系统，根据学生的专业、兴趣和实习需求，制订个性化的实习计划。学校与企业的实习管理部门密切合作，共同安排学生的实习岗位和实习时间，确保学生的实习经历能够与课程内容和学习目标相匹配。

（2）实习过程管理：学校建立了实习档案，记录学生在实习期间的表现和成果。实习档案包括学生的实习任务、工作内容、工作表现评价等信息，信息由学生和企业导师的共同填写和确认，确保实习信息的真实性和可信

度。学校还要求学生通过实习日志和实习报告等形式及时记录实习情况和心得体会，促进学生对实习经历的反思和总结。

（3）实习成果评价：学校与企业共同对学生的实习成果进行评价和反馈。学校根据学生的实习档案和实习报告对学生的实习成果进行综合评价，评定学生的实习成绩和学分。同时，学校还邀请企业导师对学生的工作表现进行评价，以为学生提供专业的反馈和建议，帮助学生不断改进和提高。

（4）实习后续跟踪：学校通过学生档案管理系统对学生的实习过程进行跟踪和管理。学校与企业保持沟通，了解学生在实习结束后的就业情况和发展动向，为学生提供更多的支持和帮助。同时，学校还鼓励学生将实习经验分享给其他同学，促进实习资源的共享和传承。

通过以上实习档案管理案例分析可见，在校企合作中，学校通过建立健全的实习档案管理制度为学生提供了更好的实习机会和管理支持，促进了学生的职业发展和就业能力的提升。

（二）就业档案管理案例分析

1. 案例背景

某大学与多家知名企业建立了稳固的校企合作关系，通过合作协议，学校为学生提供了丰富的就业机会和岗位资源。在这种背景下，学校开展了有效的就业档案管理，为学生顺利就业提供了有力支持。

2. 管理措施

（1）就业信息记录与管理：学校建立了完善的学生就业档案管理系统，及时记录和更新学生的就业信息。档案系统包括学生的个人信息、求职意向、就业历史等内容，为学生提供了一个全面、可靠的就业信息平台。学校定期收集学生的就业意向和求职情况，与企业合作伙伴分享学生的就业需求，促进双方的对接和沟通。

（2）就业指导与辅导：学校为学生提供了多样化的就业指导和辅导服务。通过个性化辅导、职业规划讲座、模拟面试等形式，帮助学生提升就业竞争力和面试技巧。同时，学校还与企业开展就业培训和实践项目，为学生提供职业技能培训和实际工作经验，提高其就业竞争力。

（3）就业信息共享与推荐：学校与企业合作伙伴建立了信息共享机制，学校及时将企业的招聘信息传达给学生。即学校通过学校官方网站、校园招聘会等渠道，向学生推荐企业的招聘岗位和就业机会。学校还利用学生就业档案系统，根据学生的求职意向和专业特长为学生提供个性化的就业推荐服务。

（4）就业成果跟踪与反馈：学校通过就业档案管理系统对学生的就业情况进行跟踪和反馈。定期收集学生的就业信息和反馈意见，分析就业趋势和就业状况，为学校制定更有效的就业政策和措施提供参考。同时，学校还与企业保持沟通，了解学生的工作表现和企业的用人需求，及时调整就业服务策略，确保服务的有效性和实效性。

通过以上就业档案管理案例分析可见，在校企合作背景下，学校通过建立健全的就业档案管理制度，为学生提供了更多的就业机会和就业服务，促进了学生就业能力的提升和职业发展的顺利实现。

（三）联合培养档案管理案例分析

1. 案例背景

某高校与多家企业开展了联合培养项目，旨在通过校企合作培养具有实践能力和行业素养的优秀人才。在这一背景下，学校开展了联合培养档案管理，通过有效的合作模式，促进了学生的全面发展和职业成长。

2. 管理措施

（1）联合培养项目档案建立：学校与企业共同建立了联合培养项目档案，包括学生个人信息、培养计划、实习成绩等内容。学校和企业各自负责不同部分的档案管理，通过信息共享和数据交流，确保了档案的完整性和准确性。联合培养项目档案为学生提供了全面的培养和学习轨迹记录，有利于学校和企业对学生的全程管理和评估。

（2）实践环节档案管理：在联合培养项目中，学校和企业共同负责实践环节的档案管理。学校记录学生在校内实训和实习的情况，包括实践任务、实践成果等信息；企业记录学生在企业实习的表现和评价，包括工作态度、工作能力等方面的评价。通过对实践环节的档案管理，学校和企业可以全面了解学生的实践情况，及时发现问题并加以解决，为学生的职业发展提供有力支持。

（3）导师评价和指导记录：学校和企业指定了专业导师对联合培养学生进行评价和指导，并建立了导师评价和指导记录。导师记录学生在实践过程中的表现和成长，包括学习态度、专业技能等方面的评价，并提供个性化的指导和建议。通过导师评价和指导记录，学校和企业可以及时了解学生的学习状况和成长进展，为学生提供针对性的培养和指导。

（4）培养计划跟踪和调整：学校和企业根据联合培养项目的实际情况，通过档案管理系统，定期跟踪学生的培养计划并进行调整。学校和企业共同研究学生的培养需求和发展方向，制订个性化的培养计划，为学生的成长和发展提供全程保障。

分析以上联合培养档案管理实践案例可见，通过校企合作开展联合培养项目，学校和企业共同管理学生的培养过程和成长轨迹，为学生提供了更加全面和个性化的培养服务，促进了学生综合素质和职业能力的提升。

第三节　校企合作对高校学生及学生档案管理的影响

一、校企合作对学生就业和职业发展的推动作用

（一）就业机会增加

校企合作为学生提供了更多的就业机会，这是其直接推动作用之一。以下是具体分析。

（1）行业对接优势：通过与企业的合作，学校能更好地了解行业的需求和发展趋势，为学生提供更加贴合市场需求的培养方案。企业对于校园招聘和实习生的需求也更为明确，提前与企业建立合作关系的学生往往更容易获得就业机会。

（2）实践经验积累：校企合作提供了丰富的实践机会，学生在企业实习或参与项目的过程中能够积累丰富的实践经验和技能。这些实践经验不仅丰

富了学生的简历，也增强了他们在求职过程中的竞争力。

（3）优质推荐渠道：学校与企业建立合作关系往往意味着学生可以通过学校的推荐渠道直接进入企业就业或实习。这种内推机制不仅可以提高学生的就业成功率，还能够缩短学生求职周期，为学生提供更加稳定的就业机会。

（4）专业能力认可：通过与企业合作，学生的专业能力得到了实际的检验和认可。在实习或参与项目的过程中，学生的表现直接反映了他们的专业素养和工作能力，这为他们在就业市场上赢得了更多的信任和机会。

（5）长期合作关系：一旦建立了良好的校企合作关系，学校和企业往往会形成长期稳定的合作关系。在这种情况下，学生就业的机会将更加稳定和持续，而且还有可能获得更多的培训和职业发展机会。

综上所述，校企合作为学生提供了更多的就业机会和发展空间，为他们的职业发展打开了更广阔的道路。通过校企合作，学生能够更好地融入职场，实现个人职业目标，提升就业竞争力。

（二）职业发展支持

校企合作不仅提供了丰富的就业机会，还在学生职业发展方面提供了重要支持，具体体现在以下七个方面。

（1）导向性职业规划：校企合作促进了学校与企业间的信息共享，使学生能够更清晰地了解不同行业的就业前景、职业发展路径和行业要求。基于与企业的合作关系，学校可以根据行业需求为学生提供更精准的职业规划指导，帮助他们更好地选择职业发展方向。

（2）实践技能培养：校企合作为学生提供了充分的实践机会，帮助他们培养实际工作所需的技能和能力。通过参与企业项目、实习工作等活动，学生可以将课堂所学知识应用到实际工作中，并且在实践中不断提升自己的技能水平，为职业发展打下坚实的基础。

（3）职业素养培养：校企合作有助于学生全面提升职业素养，包括沟通能力、团队合作能力、问题解决能力等。在与企业员工共事的过程中，学生不仅能够学习到专业知识和技能，还能够培养良好的职业道德和职业操守，提高自身的职业素养水平。

（4）专业素养提升：校企合作为学生提供了与企业专业人士接触和交流的机会。通过与企业专业人士的互动和合作，学生可以了解企业行业内的最新动态和技术发展，学习企业实践经验和专业知识，提升专业素养和实践能力，为未来的职业发展奠定坚实的基础。

（5）职业导师支持：在校企合作中，企业往往会派遣具有丰富工作经验和专业知识的员工担任学生的职业导师，为他们提供职业指导和个人发展建议。通过与职业导师的交流，学生能够更清晰地认识自己的职业发展目标，制定更有效的职业发展计划，并且在职业道路上获得更多的支持和帮助。

（6）就业资源分享：校企合作使学校与企业之间建立了密切的合作关系，学校能够向企业推荐优秀的毕业生，而企业也愿意为学生提供更多的就业机会。在校企合作的平台上，学生可以获取更多的就业资源信息，包括招聘信息、职位空缺等，有助于他们更顺利地就业。

（7）实践成果展示：校企合作为学生提供了展示实践成果和个人能力的平台。通过参与校企合作项目，学生可以产生丰富的实践成果并获得丰富的项目经验，这些成果可以通过学生档案管理系统进行记录和展示，成为学生就业和升学的重要资料，有助于学生更好地展示个人能力和特长，提高就业竞争力。

综上所述，校企合作为学生的职业发展提供了重要支持和保障，不仅为他们提供了丰富的实践机会和技能培养平台，还能够帮助他们规划职业发展路径，提升职业素养水平，拓展职业发展渠道，为他们的职业生涯奠定坚实基础。

二、校企合作对高校学生档案管理的完善和创新

（一）档案信息共享

（1）信息透明度提升：通过校企合作，学校和企业可以建立信息共享的机制，实现档案信息共享。学校可以将学生的学习成绩、实习经历、科研成果等档案信息与企业分享，而企业也可以向学校提供学生的实习表现、就业

需求等信息，双方都能够及时了解对方的情况，提升信息透明度。

（2）沟通协作效率提高：档案信息共享有助于提高学校与企业之间的沟通协作效率。学校可以根据企业的需求及时为企业提供学生档案信息，帮助企业更准确地了解学生的能力和特长；而企业也可以向学校反馈学生的实习情况和就业需求，为学校调整教学计划和课程设置提供参考意见，实现校企资源的有效共享和互通。

（3）招聘流程优化：档案信息共享能够优化企业的招聘流程，提高招聘效率。企业可以通过获取学生的档案信息，快速筛选合适的应聘者，并且根据学生的实习经历和学习成绩等信息进行更精准的面试和评估，从而提高招聘的准确性和效率，降低招聘成本。

（4）个性化就业服务：基于档案信息共享，学校可以为学生提供个性化的就业服务。学校可以根据学生的档案信息为其量身定制求职方案和职业规划，指导其选择适合自己发展的岗位和行业，并且为学生提供简历修改、模拟面试等个性化辅导，提升其就业竞争力。

（5）质量监控与评估：档案信息共享有助于学校对学生的就业质量进行监控与评估。学校可以根据学生的实习和就业情况及时调整教学计划和就业指导政策，以提高学生的就业质量和竞争力，促进校企合作的持续发展。

综上所述，档案信息共享在校企合作中发挥着重要作用，不仅可以提高校企合作的效率和质量，还能够促进学生的职业发展，实现校企合作的双赢局面。

（二）数据准确性提升

数据准确性在校企合作中的档案管理中至关重要。准确的数据能够确保学生信息的真实性和可靠性，为校企双方提供准确的参考依据，促进合作的顺利进行。

（1）提升数据采集和录入质量：为保证数据的准确性，学校和企业应加强对学生信息的采集和录入管理。在招生、实习和就业等环节，建立规范的信息采集流程和标准，确保信息的全面、准确和及时录入系统。

（2）加强数据核实与验证：在信息录入后，应进行数据核实和验证工作，确保录入的数据与实际情况一致。通过与学生本人或相关部门的核实，确保档案信息的真实性和准确性，避免因录入错误导致的数据失真问题。

（3）建立数据更新机制：学生档案信息需要及时更新，以保证数据的实时性和准确性。学校和企业应建立定期更新学生档案信息的机制，及时获取学生的最新信息，确保数据的时效性和准确性，为校企合作提供可靠的数据支持。

（4）加强数据安全保护：数据的安全性和保密性是确保数据准确性的重要保障。学校和企业应建立健全的数据安全管理制度，加强对档案信息的保护和监控，防止数据泄露和被非法篡改，确保数据的完整性和准确性。

（5）利用技术手段提升数据质量：借助信息化技术，学校和企业可以开发并应用智能化的数据管理系统，实现对数据的自动化处理和智能化分析，提升数据的准确性和精确度。例如，利用数据清洗和匹配算法自动识别和纠正数据错误，提高数据的质量和可信度。

通过以上措施，可以有效提升校企合作中档案管理数据的准确性，为学校和企业提供准确、可靠的数据支持，促进校企合作的深入发展和高效运行。

（三）流程优化

在校企合作的背景下，高校学生档案管理制度需要不断进行流程优化，以适应合作需求的变化，提高工作效率和管理水平。以下是流程优化方面的具体内容：

（1）流程简化与标准化：针对校企合作中档案管理的复杂性，需要简化流程、规范操作，建立标准化的工作流程。通过制定详细的流程图和操作手册，明确每个环节的责任和要求，降低操作难度，提高工作效率。

（2）信息录入和更新流程优化：校企合作涉及大量的学生档案信息录入和更新工作，需要优化相关流程，提高数据录入和更新的效率。可以采用信息化手段，建立电子档案系统，实现信息自动录入和批量更新，减少人工操作，提高数据准确性和实时性。

（3）信息共享和交流流程优化：为了实现校企之间档案信息的共享和交流，需要优化信息共享和交流流程，确保信息传递及时、准确。建立信息共享平台或通道，统一信息交流标准和格式，简化信息传递流程，提高信息共享效率和质量。

（4）审批和审核流程简化：校企合作中涉及档案信息的审批和审核环节，需要简化相关流程，提高审批效率。可以采用电子审批系统，实现审批流程的自动化和在线化，减少审批环节，缩短审批时间，提高审批效率。

（5）反馈和改进流程建立：为了及时发现和解决工作中存在的问题，需要建立反馈和改进机制，促进流程不断优化。建立定期的反馈渠道和机制，收集各方意见和建议，及时调整和改进工作流程，提高档案管理工作的适应性和效能。

通过以上流程优化举措，可以提高校企合作中档案管理的工作效率和管理水平，为校企合作的顺利开展提供更好的支持和保障。

（四）制度创新

校企合作为高校学生档案管理带来了新的挑战和机遇，需要通过制度创新来适应新形势、新需求，确保档案管理工作能够顺利进行并取得更好的效果。校企合作对高校学生档案管理制度的创新和完善应考虑从以下五个方面入手。

（1）建立合作机制：针对校企合作的特点和需求，建立相应的合作机制是制度创新的重要内容。学校和企业可以建立联合工作组织或委员会，负责规划和协调校企合作的档案管理工作，明确各方责任和义务，推动合作的深入开展。

（2）建立信息共享机制：为了更好地支持校企合作，需要建立信息共享机制，实现学生档案信息的跨机构共享和互联互通。通过建立信息平台或系统，学校和企业可以共享学生档案信息，实现信息共享、互动和互补，提高信息利用效率和管理水平。

（3）制定服务标准：为了提高档案管理的质量和效率，需要建立相应的服务标准和流程，明确档案管理的操作规范和要求。制定服务标准，规范档案管理流程，明确服务内容和标准，为校企合作提供可靠的服务保障。

（4）加强安全保障机制：校企合作背景下，档案管理涉及更多的信息共享和流动，面临着更大的安全风险和挑战。为了保障档案信息的安全，需要加强安全保障机制的建设，完善数据加密、权限管理、访问控制等安全措施，防范信息泄露和被非法访问，确保档案信息的保密性和完整性。

（5）建立评估与改进机制：为了不断提升档案管理的水平和质量，需要建立健全的评估与改进机制。通过定期评估和反馈，了解档案管理工作的实际情况和存在的问题，及时调整和改进工作方法和制度机制，不断提高档案管理的效率和服务水平。

通过以上制度创新和完善的举措，可以更好地适应校企合作的需求和发展，提升档案管理的水平和效能，为学生的成长和发展提供更好的支持和保障。

三、校企合作为高校学生档案管理带来的挑战及其应对方法

（一）挑战

（1）数据安全风险：随着校企合作的不断深化，涉及的学生档案信息量增加，数据安全问题日益凸显。学生档案中包含大量的个人隐私信息，一旦被泄露或被恶意利用，可能导致严重的后果，影响学生的人身安全和权益。因此，加强数据安全保护成为学生档案管理的一个重要挑战。

（2）信息共享障碍：校企合作涉及多个部门和单位之间的合作，但由于各方之间的信息系统不同、数据格式不统一等问题，信息共享存在一定障碍。学生档案管理需要跨部门、跨系统地共享信息，但由于信息孤岛的存在，信息共享困难，影响了学生档案管理的高效性和服务质量。

（3）信息安全管理不规范：在校企合作的过程中，涉及的信息管理可能存在管理不规范的问题。由于相关管理制度和标准不够健全，信息安全管理缺乏科学性和规范性，容易导致信息泄露、丢失或被篡改等风险，进而影响学生档案管理的信誉和服务水平。

（4）隐私保护法规限制：随着个人信息保护法律法规的不断完善，校企合作涉及的学生档案信息需要严格遵守相关的隐私保护法规。但由于法规要求较为严格，学校在档案管理过程中需要花费更多的精力和资源来确保信息

的合法、规范和安全使用，增加了管理的复杂度和难度。

（5）信息技术支持不足：学生档案管理需要依托先进的信息技术支持，但一些学校在信息技术建设和人才培养方面存在不足。缺乏专业的信息技术人才和完善的信息技术设施会影响学生档案管理系统的建设和运行，制约了校企合作背景下学生档案管理的发展。

面对校企合作背景下档案管理面临的挑战，学校需要采取一系列措施加强管理，包括加强数据安全保护、建立信息共享机制、完善信息安全管理制度、严格遵守相关法律法规、加强信息技术建设和人才培养等，以应对挑战，确保学生档案管理工作的顺利开展和服务质量的提升。

（二）应对方法

（1）建立健全的数据安全管理体系：学校应该建立健全数据安全管理体系，包括加强信息技术设施建设、制定严格的数据管理制度和流程、加强员工数据安全意识培训等措施，确保学生档案信息的安全、可靠。

（2）促进信息共享和交流：学校可以通过建立统一的信息平台或系统，实现各个部门和单位之间的信息共享和交流。同时，建立跨部门、跨单位的信息协调机制，加强沟通与协作，促进校企间信息共享的顺畅进行。

（3）加强法规遵循和隐私保护：学校应严格遵守相关法规和政策要求，制定和执行符合法规的隐私保护政策和措施，保护学生个人信息安全。同时，加强与合作方的合作，共同制定符合法规要求的信息处理和保护措施。

（4）优化信息技术支持和人才培养：学校应加强对信息技术人才的培养和引进，建立专业的信息技术团队，提升学校信息技术建设和管理水平。通过技术手段提高学生档案管理的效率和质量，为校企合作提供更好的信息支持。

（5）建立健全的档案管理制度和流程：学校应建立健全的档案管理制度和流程，明确各部门和岗位的职责和权限，规范档案管理流程，确保档案信息的完整性、准确性和安全性，提高档案管理的规范化水平。

（6）加强合作伙伴关系管理：学校应加强与合作伙伴的沟通与协作，建立长期稳定的合作伙伴关系，共同制订和完善合作方案，促进校企合作的深入发展。通过合作伙伴关系管理，及时了解校企合作的需求和挑战，调整和优化档案管理策略和措施，提高档案管理的适应性和灵活性。

综上所述，有效应对校企合作带来的机遇和挑战，需要学校在数据安全管理、信息共享、法规遵循、信息技术支持、档案管理制度、合作伙伴关系管理等方面采取综合性措施，加强管理和创新，推动学生档案管理与校企合作的良性互动，共同促进高校学生的全面发展和就业能力的提升。

第九章　高校学生档案管理的未来发展

第一节　高校学生档案管理的发展趋势

一、数字化转型与信息化管理趋势

（一）档案管理系统的数字化转型

随着信息技术的飞速发展，高校学生档案管理系统正朝着数字化转型迈出重要一步。数字化档案管理系统的升级不仅意味着从纸质档案向电子档案的转变，更体现了管理模式、服务手段和技术手段的全面升级。在未来的发展中，数字化档案管理系统将呈现以下发展趋势。

1. 新一代档案管理系统的特点与功能

（1）多元化：系统将不再局限于简单的信息存储和检索，而是融合了多种功能，如数据分析、智能推荐、个性化服务等，以满足不同用户需求。

（2）协同性：系统将实现不同部门、不同学校之间的档案信息共享和协同工作，提高工作效率和信息利用率。

（3）安全性：加强数据加密、权限管理等安全措施，确保档案信息的安全和隐私保护。

2. 采用先进技术实现档案数字化存储与管理

应用区块链技术确保档案数据的安全性和完整性；使用大数据分析技术对档案信息进行深度挖掘和分析，为学校决策提供数据支持；结合物联网技术，实现对档案材料的实时监控和管理，提高档案管理的效率和精度。

3.档案系统的互联网化与移动化趋势

档案管理系统将更加注重用户体验，推出移动端 App，方便用户随时随地进行档案查询和管理；利用云计算技术，实现档案数据的集中存储和管理，提高数据的可访问性和共享性；强化系统的可扩展性和灵活性，适应未来档案管理需求的变化和发展。

（二）数据采集与处理的自动化

随着人工智能、大数据和物联网等技术的不断发展，档案数据的采集和处理越来越趋向自动化和智能化。未来，自动化技术将在以下方面发挥作用。

1.智能化数据采集设备的应用

使用智能化数据采集设备，实现档案数据的实时采集和监测，减少人工干预，提高数据采集的精度和效率。

2.自动化数据处理与分析算法的发展

引入机器学习和深度学习算法，实现对大规模档案数据的自动分类、归档和分析，提高数据处理的速度和准确性。

开发智能化的数据清洗和预处理工具，解决数据质量问题，提高数据的可信度和可用性。

3.人工智能在档案数据处理中的应用

借助自然语言处理和图像识别技术，实现对文本和图片档案的自动识别和处理，提高档案数据的可读性和可搜索性。

开发智能推荐系统，根据用户需求和偏好，自动推荐相关的档案资料和信息，提高档案利用效率和用户满意度。

（三）云端存储与移动端应用的普及

随着移动互联网的发展和普及，云端存储和移动端应用将成为未来档案管理发展的重要趋势。未来的档案管理系统将更加注重云端存储和移动端应用的普及和应用，具体体现在以下方面。

1.云端存储技术在档案管理中的优势与作用

云端存储可以实现档案数据的集中管理和备份，提高数据的安全性和可靠性。

云端存储可以实现档案数据的实时同步和共享，方便不同用户和部门之间的信息交流和合作。

2. 移动端应用在学生档案管理中的应用

移动端应用将成为未来档案管理系统的重要组成部分，用户可以通过手机或平板电脑随时随地进行档案查询和管理。

移动端应用将更加注重用户体验和界面设计，提供更加便捷和智能的档案管理服务，满足用户不同需求和偏好。

3. 档案管理平台的多端互通与无缝连接

未来的档案管理系统将实现多端互通和无缝连接，用户可以在不同终端设备上实现数据同步和共享，提高用户体验和工作效率。

档案管理系统将与其他应用和平台进行集成，实现信息的全面共享和交流，打破信息孤岛，提高信息利用效率和社会效益。

二、数据整合与共享的普及

（一）跨部门、跨校区的数据整合

1. 数据整合的背景与意义

（1）背景：高校内部存在着各个部门之间和不同校区之间的信息孤岛现象，导致数据孤立、重复录入和资源浪费等问题。

（2）意义：数据整合可以提高工作效率、优化资源配置、改善服务质量等。

2. 跨部门数据整合的挑战与应对

（1）挑战：部门之间存在着数据格式不统一、权限管理不清晰等问题，需要建立统一的数据标准和共享机制。

（2）应对：建立数据共享平台，通过统一的数据接口和数据交换协议实现不同部门之间数据的无缝对接和共享。

3. 跨校区数据整合的实践与探索

高校在不同地区或城市设立了多个校区，有跨校区数据共享的需求。高校需建立跨校区的数据中心和统一的数据管理平台，实现不同校区之间档案数据的实时共享和同步更新。

（二）数据共享平台的建设与应用

1. 数据共享平台的建设目标与功能

（1）建立目标：建立开放、共享、安全的数据共享平台，为各部门和校区提供统一的数据管理和查询服务。

（2）实现功能：实现档案信息的一站式查询和统一管理，提高数据利用效率和服务质量。

2. 数据共享平台的架构与实现方式

（1）架构：平台应采用分布式架构，具备良好的扩展性和灵活性，支持大规模数据的存储和处理。

（2）实现方式：应用云计算和大数据技术，实现档案数据的实时同步和异地备份，确保数据的安全性和可靠性。

3. 数据共享平台的应用场景与效果

（1）应用场景：数据共享平台在学生档案管理、科研成果管理、人才培养评估等方面广泛应用，可提高数据的利用效率和决策支持能力。

（2）效果：促进跨部门、跨校区之间的信息交流和合作，推动学校管理体系的整体协调和高效运作。

（三）开放数据接口与标准化数据格式的推广

1. 开放数据接口的意义与作用

通过开放数据接口，实现不同系统之间的数据交换和共享，打破信息壁垒，促进数据流通和创新应用。

提供标准化的数据接口和数据格式，降低系统集成的成本和难度，促进数据资源的共享和利用。

2. 标准化数据格式的推广与应用

制定统一的档案数据标准和数据交换协议，确保不同系统之间数据的兼容性和一致性。

推广使用开放标准的数据格式，如 XML、JSON 等，降低数据集成的技术门槛，提高数据的可操作性和可扩展性。

3. 开放数据接口与标准化数据格式的应用

建立学校档案管理系统与第三方系统之间的数据接口，实现数据的互通和共享，提高数据的利用效率和服务水平。

借鉴国际上先进的数据标准和数据交换实践，推动我国高校档案管理的国际化和标准化发展。

三、智能化技术的应用

（一）人工智能在档案管理中的应用

1. 人工智能技术在档案管理中的作用

智能化技术将极大地提升档案管理的效率和精度，从而节省人力资源、降低成本。借助人工智能可以实现档案数据的自动分类、索引、识别和归档，大幅提升档案管理的效率和准确性。

2. 人工智能在档案管理中的应用场景

档案文件的智能化识别和分类，减少人工干预，提高文件检索效率。

基于大数据和机器学习的档案数据分析和挖掘，发现数据间的关联和规律。

3. 人工智能在档案管理中的发展趋势

随着深度学习和神经网络技术的不断发展，人工智能在档案管理中的应用将变得更加普遍和成熟。未来可能出现更多基于人工智能的档案管理系统，为高校提供更智能、更便捷的档案管理服务。

（二）自然语言处理与语音识别技术的发展

1. 自然语言处理技术在档案管理中的应用

自然语言处理技术可以帮助实现对档案文件的智能化理解和分析，提高档案检索和利用的效率。通过文本挖掘和信息抽取技术，可以从大量文档中提取出关键信息，为决策提供参考依据。

2. 语音识别技术在档案管理中的应用

语音识别技术可以将口述的档案信息转化为文字记录，提高档案数据的录入效率和准确性。在移动端应用中,语音识别技术也可以帮助用户实现语音搜索和语音命令操作,提升用户体验。

3. 自然语言处理与语音识别技术的未来发展

随着自然语言处理和语音识别技术的不断创新和进步,未来将会有更多的智能化应用出现在档案管理领域,如更加智能化的语音助手和自然语言搜索引擎,为档案管理带来更多的便利。

(三)自动化流程与智能推荐系统的发展

1. 自动化流程在档案管理中的应用

自动化流程可以实现档案管理中诸如文件审批、借阅申请等常规流程的自动化处理,提高工作效率。

流程自动化可以降低流程错误率和处理时间,减轻管理人员的负担,提升服务质量。

2. 智能推荐系统在档案管理中的应用

基于用户行为数据和智能算法,智能推荐系统可以为用户提供个性化的档案管理服务和建议。

通过分析用户的历史操作和偏好,智能推荐系统可以推荐相关的档案文件、资料或服务,提升用户体验和满意度。

3. 自动化流程与智能推荐系统的未来发展

随着自动化技术和智能算法的不断发展,自动化流程和智能推荐系统将会在档案管理领域得到更广泛的应用。未来可能出现更加智能化、自动化的档案管理系统,为用户提供更加个性化、智能化的服务和支持。

四、对社会责任与数据安全的重视

(一)隐私保护与合规管理的重要性

1. 隐私保护的重要性

随着数字化转型的深入,个人隐私被泄露的风险日益增加,保护学生个人隐私已成为档案管理中的重要任务。

学生档案中包含大量敏感信息,如个人身份信息、成绩、健康状况等,一旦被泄露可能对学生造成严重的不良影响。

2. 合规管理的重要性

高校学生档案管理需要遵守相关的法律法规和规范要求，如《中华人民共和国个人信息保护法》《中华人民共和国网络安全法》等。

合规管理可以保障学生档案数据的安全和合法，降低数据泄露和违规操作的风险。

（二）数据安全体系构建

随着高校对社会责任和数据安全的日益重视，高校将加强数据安全体系构建。

1. 数据加密与权限控制

强化对学生档案数据的加密保护，确保数据在传输和存储过程中不被窃取或篡改。

设立严格的权限控制机制，限制不同用户对档案数据的访问和操作权限，防止非授权访问。

2. 安全审计与监控

建立完善的安全审计系统，对档案管理系统的操作进行记录和监控，及时发现和应对安全事件。

利用安全监控技术对档案数据的访问、传输和存储进行实时监控，提高数据安全性。

（三）法律法规对档案管理的影响与要求

1. 法律法规对数据隐私的保护要求

法律法规对于学生档案中的个人隐私数据有着严格的保护要求，任何单位和个人在处理档案数据时必须遵守相关规定。

学校和相关机构应建立健全的隐私保护机制，保障学生个人信息不被非法获取、使用或泄露。

2. 法律法规对数据安全的要求

法律法规要求高校建立健全的数据安全管理体系，包括数据收集、存储、处理、传输等各个环节的安全保障措施。

高校应定期进行数据安全风险评估和漏洞检测，及时修补安全漏洞，确保学生档案数据的安全可控。

通过加强隐私保护和合规管理、采用数据安全技术、遵守法律法规要求，可以有效应对数据安全风险，确保学生档案数据的安全和合法。

五、用户体验与个性化服务的提升

（一）用户界面设计与交互体验的优化

1. 响应式设计与多终端适配

采用响应式设计技术，使档案管理系统能够根据用户设备的屏幕尺寸和分辨率进行自适应调整，提升用户的操作便捷性。

针对不同终端设备，如平板和手机等，进行界面设计和交互优化，确保用户在任何设备上都能获得良好的使用体验。

2. 个性化定制功能

提供个性化的用户界面设置功能，允许用户根据自己的偏好和习惯进行界面布局、主题颜色、字体大小等方面的个性化定制，提升用户体验。

引入智能推荐算法，根据用户的历史操作记录和偏好，为用户推荐相关的功能模块和操作路径，提高用户的操作效率。

（二）个性化数据服务与用户需求预测

1. 数据挖掘与用户画像建立

运用数据挖掘技术分析学生档案数据，挖掘用户的行为模式和偏好，建立用户画像，为用户提供个性化的服务和推荐。

结合学生的学习情况、兴趣爱好、社交关系等多维度数据，全面了解用户需求，为用户提供精准的个性化服务。

2. 智能化服务与预测分析

基于大数据和机器学习技术对学生行为和需求进行预测分析，提前满足用户的需求，提供更加智能化的服务。

利用自然语言处理和文本分析技术，对用户反馈和需求进行实时分析和处理，为用户提供更加贴心和高效的服务体验。

（三）移动端应用与多渠道服务的整合

1. 移动端应用的普及与优化

加强移动端应用的开发和优化，提供与 PC 端相同或类似的功能和体验，满足用户随时随地访问学生档案的需求。

优化移动端应用的界面设计和交互方式，提升用户在移动设备上的使用体验，支持在线查询、修改、下载等操作。

2. 多渠道服务的整合与协同

将档案管理系统整合到多种渠道和平台，如网站、移动端应用、社交媒体等，为用户提供多样化、便捷化的服务。

实现不同渠道之间的数据共享和协同工作，确保用户在不同平台上的操作和数据同步，提高用户体验和服务连贯性。

通过优化用户界面设计、个性化数据服务和多渠道服务整合等手段，提高用户对档案管理系统的满意度和使用体验，提供更加智能化、便捷化的服务。

第二节　利用新技术推动高校学生档案管理创新

一、人工智能技术在学生档案管理中的应用

（一）智能化数据采集与整理技术

1. 智能化数据采集

人工智能技术在学生档案管理中的应用首先体现在数据采集过程中。传统的数据采集方式通常需要大量人力和时间，且容易出现误差。而利用人工智能技术可以实现数据的智能化采集，通过自动化的方式从多个来源收集学生信息，并实现数据的快速整合和更新。例如，利用人工智能技术可以实现对学生信息进行自动识别和抓取，从学校数据库、社交媒体、学生作业等多个渠道获取数据。

2.数据整理与清洗

人工智能还可以应用于学生档案数据的整理与清洗过程。通过机器学习和数据挖掘技术,可以自动识别和纠正数据中的错误和不一致之处,提高数据的准确性和一致性。同时,还可以利用自然语言处理技术对文本信息进行智能化处理,实现对学生信息的自动分类、摘要和归档。

(二)自然语言处理在档案管理中的应用

1.文本信息处理

自然语言处理技术可以帮助学校对档案中的文本信息进行智能化处理和分析。通过自然语言处理技术,可以实现对学生文档的内容理解和语义分析,从而实现对学生信息的智能化搜索、摘要和提取。例如,可以利用自然语言处理技术实现对学生论文、作业和课堂笔记的自动摘要和关键词提取,为学校提供更加智能化的文档管理和检索服务。

2.语音识别与转录

随着语音技术的发展和普及,语音识别技术也逐渐应用于学生档案管理。通过语音识别技术,学校可以实现对语音信息的自动转录和整理,将学生的口头表达转化为文字信息,并实现对文字信息的分类、归档和检索。这样一来,不仅可以提高学校档案管理的效率,还可以为学生提供更加便捷和智能化的服务。

(三)机器学习与数据分析技术在学生档案管理中的应用

1.数据挖掘与模式识别

机器学习和数据挖掘技术可以帮助学校从海量的学生档案数据中发现隐藏的模式和规律。通过分析学生的学习行为数据、社交数据和个人信息数据,可以实现对学生行为和特征的深入理解,从而为学生提供个性化的学业指导和辅导服务。例如,可以利用机器学习技术对学生的学习行为和表现进行预测和评估,为学校进行学生绩效评价和课程管理提供决策支持。

2.数据可视化与报告生成

数据分析技术还可以帮助学校将学生档案数据转化为直观、易于理解的可视化报告和图表。通过数据可视化技术,学校可以直观地展示学生的学习情况、成绩表现和行为特征，为学校管理者和教师提供决策参考和行动指南。同时，还可以利用数据分析技术实现对学生群体的比较分析和趋势预测，为学校的发展规划和政策制定提供科学依据。

随着人工智能技术的不断发展和成熟，相信其在学生档案管理中的应用将会越来越广泛，为高校提供更加智能化、个性化的服务。

二、区块链技术在学生档案管理中的应用

（一）区块链技术原理及特点简介

1. 区块链技术原理

区块链是一种去中心化的分布式账本技术，其核心特点是去中心化、不可篡改、透明可信。区块链将数据以区块的形式进行链接，每个区块包含了一定数量的交易记录，并通过密码学算法保证数据的安全性和一致性。每个区块都包含了前一个区块的哈希值，形成了一个不断增长的链式结构。

2. 区块链技术特点

（1）去中心化：区块链技术采用去中心化的网络结构，没有中心化的管理机构，所有的节点都共同参与数据验证和存储。

（2）不可篡改：区块链中的数据经过加密和共识机制的验证后被写入区块，并且无法被篡改或删除，确保数据的完整性和可信性。

（3）透明可信：区块链中的所有数据都是公开透明的，任何人都可以查看和验证数据的真实性，增强了数据的可信度和公正性。

（二）区块链技术在学生档案管理中的优势

1. 数据安全性提升

区块链技术采用分布式存储和加密算法，实现了学生档案数据的安全和隐私保护。学生档案信息一旦被写入区块链，就无法被篡改或删除，保障了学生档案数据的完整性和不可逆性。

2. 学历与成绩验证

区块链技术可以应用于学生学历和成绩的认证和验证。学校可以将学生的学历和成绩信息存储在区块链上，并生成相应的数字证书，供学生随时查

阅和验证。这样一来，可以有效防止学历和成绩造假等问题，提高学历认证的可信度和效率。

3.学生身份认证

区块链技术可以用于学生身份的认证和管理。学生的个人信息和身份证明可以存储在区块链上，并通过智能合约实现自动化的身份认证和授权。这样可以简化学生的身份验证流程，提高学生身份认证的效率和安全性。

（三）区块链技术在学生身份认证，学历、成绩验证方面的应用案例

区块链技术在学生档案管理中的应用不仅局限于数据安全和完整的保障，还可以实现学生身份认证，学历、成绩验证等方面的创新。下面将介绍一些区块链技术在学生身份认证，学历、成绩验证等方面的应用案例，以便更好地理解其在高校学生档案管理应用中的潜力和作用。

1.学生身份认证的区块链应用案例

在传统的学生身份认证过程中，学校或教育机构需要核实学生的身份信息，并发放学生证或其他身份证明文件。而借助区块链技术，学生的身份认证可以更加高效和安全地进行。

（1）学生身份认证平台：某大学利用区块链技术搭建了一个学生身份认证平台，在学生入学时将经过验证的个人身份信息（如身份证、护照等）录入区块链，并生成相应的数字身份证书。学生可以通过手机端或网页端的应用程序，使用区块链上的数字身份证书进行身份认证，无须提供纸质证明文件，方便、快捷地完成各项学校事务，如选课、报名考试等。

（2）学生校园门禁系统：某所大学将区块链技术应用于校园门禁系统，学生在入校时需使用区块链身份证书完成身份认证，只有通过区块链验证的学生才能进入校园内部。这种基于区块链的门禁系统不仅提高了校园安全，还简化了学生出入校园的流程。

2.学历、成绩验证的区块链应用案例

区块链技术可以有效解决学历和成绩造假等问题，确保学生的学历和成绩信息的真实性和可靠性。以下是一些区块链在学历、成绩验证方面的应用案例。

（1）数字学历证书：一些高校通过区块链技术为学生生成数字学历证书，并将其存储在区块链上。这些数字学历证书包含了学生的学历信息、成绩信息等，并由学校官方签名和验证，保证了其真实性和可信度。学生可以通过区块链上的学历证书方便地向用人单位证明自己的学历和成绩，减少了学历造假和成绩造假的可能性。

（2）学生成绩单验证：另一种应用是将学生成绩单信息存储在区块链上，并生成相应的数字成绩单。学生可以通过区块链上的成绩单向企业或其他机构证明自己的成绩信息，确保了成绩信息的真实性和可信度。同时，用人单位可以通过区块链验证学生的成绩单，省去了烦琐的成绩核实流程，提高了招聘效率和准确性。

以上案例展示了区块链技术在高校学生档案管理中的应用潜力，其有望为学校、学生和用人单位带来更加便捷、安全和可信的服务和体验。

三、虚拟现实（VR）与增强现实（AR）技术在学生档案管理中的创新应用

VR 和 AR 技术作为新兴的信息技术，在学生档案管理中也展现出了巨大的创新潜力。VR 和 AR 技术在学生档案管理中的创新应用可以为学生提供更加沉浸式、生动化和个性化的使用体验，有助于提高学生对档案信息的理解和利用效率，为学校的教学和管理工作带来新的发展机遇。

（一）VR 和 AR 技术简介及发展趋势

1. 技术简介

VR 技术通过模拟现实环境，使用户能够沉浸于虚拟的三维环境中，与虚拟环境进行交互。用户通常通过专门的头戴式显示器和手柄等设备来体验 VR 环境。

AR 技术则是将虚拟对象叠加在现实世界中，用户可以通过移动设备（如智能手机、平板电脑）的摄像头观察现实世界，并在屏幕上看到叠加的虚拟内容。

2. 发展趋势

随着 VR 和 AR 技术的不断发展，其硬件设备和软件平台也在不断升级和完善。未来，随着技术的进一步成熟和普及，VR 和 AR 技术将更加普遍地应用于教育、培训和娱乐等领域，为用户带来更加真实、沉浸和便捷的体验。

（二）VR 和 AR 在校园档案浏览与展示中的应用

1. 实时档案展示与导览

在校园活动或展览中，利用 AR 技术可以实时叠加虚拟信息，为参观者提供档案资料、活动介绍等相关信息。通过扫描特定的标识或二维码，用户可以在移动设备上看到与实际场景相关的虚拟信息，增强了档案展示的趣味性和互动性。

2. 档案信息可视化展示

利用 VR 和 AR 技术，学生可以将档案信息以三维图形、动画或虚拟实景的形式进行可视化展示。这种形式的展示不仅可以提升学生对档案信息的理解和记忆，还能够激发他们的学习兴趣和创造力。

（三）VR 和 AR 在学生实习、实践等活动记录中的应用

学生参加实践活动时，可以利用 AR 技术记录相关信息，如拍摄照片、录制视频等，并将这些信息与实际场景关联起来。这样一来，学生就可以在 AR 应用中浏览实践活动的记录，并进行回顾和总结，有助于加深学生对实践经验的理解和反思。

VR 和 AR 技术在学生档案管理中的创新应用，不仅可以丰富学生的实践体验，提升教学效果，还为学生的职业发展和个人成长提供了更多可能性。随着这些新技术的不断发展和普及，相信它们将在未来对高校学生档案管理产生更加深远的影响。

四、无线射频识别（RFID）技术在学生档案管理中的应用

（一）RFID 技术的原理及优势

1. 原理

RFID（Radio Frequency Identification）技术是一种无线通信技术，通过

无线电信号实现对目标对象的识别和数据传输。其核心组件包括 RFID 标签、读写器和数据处理系统。RFID 标签由芯片和天线构成,芯片内嵌有存储信息,天线用于接收和发送射频信号;读写器负责与标签进行通信,并将读取的信息传输至数据处理系统进行处理。

2. 优势

RFID 技术具有识别效率高、远距离识别、多标签识别和实时监控等优势,在学生档案管理中具有广泛的应用前景和重要意义。

(1)高效便捷:RFID 技术可以实现非接触式自动识别和数据传输,无须人工干预,提高了识别效率和操作便捷性。

(2)远距离识别:RFID 技术可以远距离识别目标对象,无须直接接触,适用于快速识别和追踪大量物品。

(3)多标签识别:RFID 系统可以同时识别多个标签,实现批量处理和高效管理。

(4)实时监控:RFID 标签可以实现实时监控和跟踪目标对象的位置和状态,提高监管效果和安全性。

(5)信息存储量大:RFID 标签内置的芯片可以存储大量的数据,适用于存储复杂的学生档案信息和历史记录。

(二)RFID 技术在学生档案管理中的应用

1. 学生档案存储

RFID 技术在学生档案存储方面具有重要作用。通过在学生档案文件或卡片上嵌入 RFID 标签,可以将学生档案信息与标签关联,实现信息的无线传输和存储。具体应用包括:

(1)电子档案存储:将学生档案信息数字化并存储于 RFID 标签内,包括学生个人信息、学习成绩、奖惩记录等,以便随时查阅和更新。

(2)卡片式档案存储:将学生档案信息存储于 RFID 卡片内,学生持卡即可随时查阅个人档案信息,方便快捷。

(3)多媒体档案存储:RFID 标签可以嵌入各种载体,如纸质档案文件、学生证等,实现多媒体学生档案信息的存储与管理。

2. 学生档案检索

RFID 技术在学生档案检索方面也发挥着重要作用，可以实现高效、准确的学生档案检索和定位。具体应用包括：

（1）自动化检索：基于 RFID 技术可以建立自动化的学生档案检索系统，通过 RFID 读写器扫描标签，快速定位目标档案，减少人工检索的时间和成本。

（2）远程检索：RFID 标签的远距离识别特性使其可以通过远程方式进行学生档案检索，无须直接接触档案或卡片，提高操作的便捷性和效率。

3. 学生档案实时更新

RFID 技术可以实现实时更新学生档案信息，一旦学生信息有更新，系统即可自动更新相关标签的信息，确保检索到的信息是最新、准确的。

4. 安全性与隐私保护

在使用 RFID 技术进行学生档案存储与检索时，必须重视安全和隐私保护。具体应注意以下三点。

（1）数据加密：对于存储在 RFID 标签中的学生档案信息，应采用加密措施，确保数据安全，防止信息被泄露。

（2）权限管理：设定合适的权限管理机制，确保只有授权人员可以访问和修改学生档案信息，防止信息被非法操作和篡改。

（3）隐私保护：严格遵守相关法律法规和隐私保护政策，保护学生个人隐私信息不被滥用或泄露。

RFID 技术在学生档案管理中的应用涉及存储、检索、更新三个方面，可以提高学生档案管理的效率和便捷性，但同时也需要重视数据安全和隐私保护的问题，以确保学生档案信息的安全与合规。

（三）RFID 技术在其他方面的应用

1. 校园门禁系统

许多高校已经利用 RFID 技术构建了校园门禁系统，学生可以通过携带含有 RFID 标签的学生证或卡片进行考勤。当学生进入校园内时，门禁系统会自动识别 RFID 标签，并记录学生的进出时间，实现了自动化的考勤管理,减轻了教师的工作负担,提高了考勤的准确性和效率。

2. 课堂考勤系统

一些高校还利用 RFID 技术开发了课堂考勤系统。在教室门口安装 RFID 读写器,学生进入教室时通过刷卡的方式进行考勤,系统自动记录学生的到课情况,并生成考勤报表供教师查阅。这种方式不仅提高了考勤的准确性,还可以及时发现学生的出勤情况,为教学管理提供数据支持。

3. 图书馆自助借还系统

许多高校图书馆采用 RFID 技术建设了自助借还系统。图书上贴有 RFID 标签,学生可以通过自助借阅机器扫描 RFID 标签进行借阅,系统自动记录借阅信息。当学生归还图书时,同样通过扫描 RFID 标签完成归还操作,系统自动更新借阅记录,实现了图书借阅的自动化管理,提高了借阅效率和服务质量。

4. 实验室设备借用管理

一些高校实验室借用管理也采用 RFID 技术。在实验设备上附着 RFID 标签,学生通过刷卡或扫描设备上的 RFID 标签进行设备借用。系统自动记录设备借用情况,包括借用时间、归还时间等信息,方便实验室管理员进行设备管理和监控,减少了人工操作,提高了设备利用率。

RFID 技术在学生考勤、借阅管理等方面的应用,极大地提高了管理的效率和便利性。通过自动化的考勤和借阅流程,减少了人工操作,降低了管理成本,提高了服务质量,同时也提升了学校管理的现代化水平。此外,RFID 技术还能够为学校提供更精准的数据支持,为学校管理决策提供科学依据,有助于进一步优化学校管理流程,提升管理水平和服务质量。

五、5G 技术在学生档案管理中的应用

(一) 高速传输

5G 技术的高速传输特性可以极大地提升学生档案数据的传输效率。学校可以利用 5G 网络实现档案数据的快速上传、下载和共享,加快了档案管理流程,提高了工作效率。

（二）远程访问

基于 5G 网络的远程访问功能，学生可以随时随地通过手机或其他设备访问自己的档案信息，了解个人学习和发展情况，方便了学生的自我管理和学习规划。

第三节 提升高校学生档案管理水平的策略与建议

一、建立完善的档案管理制度与流程

（一）制度建设与流程规范化

在高校学生档案管理工作中，建立完善的档案管理制度与规范化的流程是确保工作顺利进行的重要保障。以下是一些实践经验分享。

（1）认识制度建设的重要性：制度是档案管理工作的基础，通过建立健全的制度，可以明确各项工作的责任与义务，规范工作流程，提高管理效率。在制度建设过程中，需要充分考虑学校的特点和实际需求，确保制度的科学性和可操作性。

（2）认识流程规范化的意义：规范化的流程能够使档案管理工作有章可循，减少工作中的混乱和错误，提高工作效率和质量。流程规范化不仅有助于确保档案信息的准确性和完整性，还能够提升工作的透明度和可追溯性，为后续工作提供依据和支持。

（3）建立科学的档案管理流程：档案管理流程应当覆盖档案信息的收集、整理、存储、利用等各个环节。在建立流程时，需要明确各个环节的具体操作步骤和责任人，确保档案管理工作的有序进行。同时，要根据档案管理工作的特点和需求，灵活调整流程，不断优化和改进。

（4）持续改进与优化：档案管理制度和流程是动态的，需要根据实际情况不断进行改进和优化。在日常工作中，要及时总结经验，听取意见建议，针对存在的问题和不足进行调整和改进，以适应工作的发展和变化。

建立完善的档案管理制度与规范化的流程对于高校学生档案管理工作的

顺利开展具有重要意义。只有在制度和流程的支撑下，才能够有效地保障档案信息的安全、准确和完整，为学校教学管理提供可靠的数据支持。

（二）责任部门明确与工作流程优化

在高校学生档案管理工作实践中，责任部门的明确和工作流程的优化是确保档案管理工作顺利进行的重要环节。以下是一些实践经验分享。

1. 责任部门明确

在档案管理工作中，需要明确各个责任部门的职责和权限。例如，教务处负责学生档案的收集和整理，信息技术部门负责电子档案系统的建设和维护，院系负责学生档案的利用和查询等。明确责任部门可以有效地分工协作，避免工作职责的混淆和冲突，提高工作效率。

2. 工作流程优化

不断优化工作流程是提高档案管理效率的关键。在实践中，可以通过以下方式进行流程优化。

（1）流程简化：精简烦琐的操作步骤，减少不必要的环节，使流程更加简洁高效。

（2）流程标准化：规范各个操作环节的流程和要求，确保每个环节都按照标准化的方式进行，减少操作误差和不一致性。

（3）流程自动化：借助信息化技术实现流程的自动化和智能化，减少人工干预，提高工作效率和质量。

（4）流程监控：建立流程监控机制，及时发现和解决流程中的问题，确保流程的顺畅进行。

（三）跨部门协作与信息共享

1. 跨部门协作机制

由于学生档案管理涉及多个部门和岗位，因此需要建立起跨部门的协作机制。通过定期召开跨部门协调会议，加强沟通和协作，及时解决工作中的问题和困难，确保各个环节的衔接和协调。

2. 信息共享与集成

在档案管理工作中，信息的共享和集成是提高工作效率的重要手段。可以借助信息化技术建立统一的信息平台，实现不同系统之间的数据共享和集成，减少信息孤岛，提高信息利用率。

责任部门的明确、工作流程的优化、跨部门协作和信息共享对于提高档案管理工作效率和质量具有重要作用。只有通过不断优化和改进工作流程，才能够更好地满足高校学生档案管理工作的实际需求，为学校的教学管理提供更加可靠的支持。

二、建立档案管理评估与监督机制

制度的建立只是第一步，更重要的是要确保制度得到有效执行。因此，需要建立健全的监督机制，定期对制度执行情况进行评估和检查，及时发现问题并采取措施加以解决，保障档案管理工作的顺利进行。

（一）建立评估指标体系

建立档案管理评估的指标体系，包括档案管理效率、数据准确性、信息安全性、服务质量等方面的指标。这些指标应当能够全面反映档案管理工作的各个方面，并且具有可量化和可评估性。

（二）定期评估

设立定期的档案管理评估机制，例如每学年或每学期进行一次评估。评估可以由学校内部或者第三方专业机构负责，通过调查问卷、实地检查、数据分析等方式，对档案管理工作进行全面评估和监督。

（三）建立反馈机制

在评估过程中建立反馈机制，及时向相关部门和责任人反馈评估结果，并提出改进建议。通过及时反馈评估结果引导相关部门和人员及时调整和改进工作方法，提高档案管理水平。

（四）强化问责机制

对评估结果进行公示，建立健全的问责机制。对于评估结果不达标或存在严重问题的部门和责任人及时追究其责任，并采取相应的整改措施，确保档案管理工作的有效实施。

（五）持续改进与优化

档案管理评估与监督工作应当具有持续性和循环性，不断改进和优化评估机制和方法。根据评估结果和反馈意见及时调整和优化评估指标和流程，提高评估的针对性和有效性，不断推动档案管理水平的提升。

（六）加强宣传与培训

加强对档案管理评估与监督工作的宣传和培训，提高相关人员的意识和参与度。通过举办培训班、发放宣传材料等方式，向全体员工普及档案管理评估的重要性和方法，增强其积极性和主动性。

建立档案管理评估与监督机制，可以有效监督和评估档案管理工作的执行情况，发现和解决问题，进一步提升档案管理水平，确保档案管理工作的高效运行和服务质量的提升。

三、加强系统建设

（一）引进先进的档案管理系统与技术设备

1. 系统选择与采购

针对高校学生档案管理的特点和需求，选择适合的、先进的档案管理系统，并采购相应的技术设备。这些系统应具备高效的数据处理和管理能力，包括信息录入、存储、检索、共享等功能，并且要支持多样化的数据类型和格式。

2. 技术设备更新

定期更新和升级档案管理所需的技术设备，确保其与时俱进，满足日益增长的档案管理需求。例如，更新存储设备、扫描设备、识别设备等，提升其性能和稳定性，提高数据处理和存储效率。

3. 引进先进技术

不断引进先进的档案管理技术，如人工智能、大数据、区块链等技术，结合实际需求，提升档案管理的智能化、安全性和可靠性。这些技术可以帮助高校更好地管理和利用学生档案数据，提高管理效率和服务水平。

（二）进行档案管理系统的定制与优化升级

1. 定制化系统开发

针对高校学生档案管理的特点和需求，进行定制化的档案管理系统开发。通过与专业技术团队合作，根据实际情况定制功能模块和界面设计，满足学校个性化的档案管理需求。

2. 系统优化与升级

对现有的档案管理系统进行优化和升级，提升其性能和功能。通过增加新的功能模块、优化界面设计、改进系统架构等方式，提高系统的易用性、稳定性和安全性，提升用户体验和工作效率。

3. 实现数据共享与一体化管理

充分利用学校现有的信息化资源，将档案管理系统与其他信息系统进行整合，实现数据共享和互通。通过整合校园信息系统、学籍管理系统、图书馆管理系统等，实现学生档案数据的共享利用和一体化管理。

（三）加强档案管理系统的数据安全与隐私保护

1. 加强数据加密与权限控制

加强对档案管理系统的数据加密和权限控制，确保数据在传输和存储过程中的安全。建立严格的权限管理机制，对不同用户进行分类和授权，限制其访问权限，防止未经授权的数据访问和操作。

2. 定期备份与恢复

定期进行档案管理系统数据的备份和存档，确保数据的完整性和可靠性。建立灾备恢复机制，及时恢复数据，保障档案管理系统的持续运行和数据安全。

3. 加强风险防范与应急响应

加强对档案管理系统的风险评估和监测，及时发现和应对潜在的安全威胁和漏洞。建立完善的安全事件响应机制，对可能发生的安全事件进行及时处置和跟踪，最大程度减少安全风险带来的损失和影响。

通过提升档案管理技术与系统建设，可以更好地满足高校学生档案管理的需求，提升管理效率和服务水平，为学校教学科研与管理工作提供有力支撑。

四、加强人员培训与激励

（一）制定档案管理人员培训计划与课程体系

1. 需求分析与计划制定

通过对档案管理人员的现有技能和知识水平进行调研和评估，明确培训需求。根据需求分析结果，制订档案管理人员的培训计划，包括培训内容、培训形式、培训周期等。

2. 建立完善的课程体系

设计针对档案管理人员的培训课程体系，涵盖档案管理的基本理论知识、技术应用技能和管理实践经验等方面。结合档案管理的最新发展和趋势，不断更新和完善培训课程内容，确保培训内容与时俱进。

3. 培训形式多元化

结合在线学习、面对面培训、实地实习等多种培训形式，满足不同档案管理人员的学习需求。利用现代化教育技术和资源，提供多样化的培训资源和学习平台，提高培训的灵活性和有效性。

（二）档案管理人员的培训内容

1. 专业知识培训

组织专业讲师或行业专家开展档案管理理论知识培训，包括档案管理原理、政策法规、标准规范等方面的内容。通过讲座、研讨会等形式，提升档案管理人员的专业知识水平。

2. 技能培训与实践操作

安排实际操作和案例分析等形式的培训课程，帮助档案管理人员掌握档案管理系统的操作技能和应用技巧。通过模拟实战和实际案例练习，提高档案管理人员的工作技能和应变能力。

3. 项目管理培训

加强档案管理人员的项目管理能力培训，培养其规划、组织、协调、控制等方面的能力。通过项目管理理论培训和实践项目管理经验的积累，提高档案管理人员的项目管理水平和综合素质。

（三）建立档案管理人员的绩效考核体系与激励措施

1. 建立绩效考核体系

设计档案管理人员的绩效考核指标体系，包括工作质量、工作效率、团队合作等方面的评价指标。根据工作职责和任务设定绩效目标，并定期对其进行评估和考核。

2. 设立激励机制

设立激励机制，根据绩效考核结果给予档案管理人员相应的奖励和荣誉。可以采取物质奖励、荣誉表彰、晋升提拔等方式，激发档案管理人员的工作积极性和创造性。

3. 其他激励措施

加大对档案管理人员培训的投入力度，提供广泛的培训资源和机会，鼓励他们不断学习和提升。建立健全的晋升机制，为表现优秀的档案管理人员提供晋升机会和发展空间，激发其发展动力和工作热情。

五、加强与相关部门的交流与合作

（一）加强与教务处、学生处等相关部门的沟通与协作

1. 建立定期沟通机制

设立定期会议或其他沟通渠道，使档案管理部门与教务处、学生处等相关部门保持密切联系。通过定期交流，及时了解各部门的需求和动态，促进信息共享和协作配合。

2. 协同制定政策与流程

在制定档案管理政策、流程和规范时，积极征求教务处、学生处等相关部门的意见和建议，确保各项规定符合实际需求，并获得相关部门的支持和配合。

3. 协作开展项目与活动

联合教务处、学生处等相关部门，共同开展档案管理相关的项目和活动，如学生信息整合、学籍管理优化等。通过跨部门的合作提升档案管理工

作的效率和质量。

（二）与行业协会、档案馆等机构建立合作关系

1. 参与行业活动

积极参与档案管理行业协会、学会等组织的活动，了解行业发展趋势和最新技术应用，拓展行业资源和人脉关系，促进高校档案管理水平的提升和创新发展。

2. 与档案馆、图书馆等机构合作

建立与档案馆、图书馆等机构的合作关系，共享资源、技术和经验，开展联合培训、科研项目合作等形式的合作，推动高校档案管理工作的规范化和现代化发展。

（三）参加相关会议，交流经验与分享成果

1. 定期参加行业会议与研讨会

档案管理部门应积极参与行业会议、研讨会等活动，了解行业最新动态和前沿技术，分享高校档案管理的经验和成果，与同行进行交流与合作。

2. 举办内部培训与交流会议

定期组织内部培训与交流会议，邀请行业专家或同行进行专题讲座和经验分享，提升档案管理人员的业务水平和专业素养，促进团队内部交流和学习。

通过加强与相关部门的合作与交流，可以充分利用外部资源和行业经验，提升高校学生档案管理水平，推动档案管理工作的创新与发展。

六、推动档案管理的数字化与智能化发展

（一）推进学校档案管理的数字化转型进程

1. 建设统一的数字化档案平台

搭建统一的数字化档案管理平台，整合学生个人信息、学业成绩、社会实践记录等数据，实现全校范围内档案信息的集中管理和统一调取。

2. 推广电子化档案存储方式

推动学校各部门逐步实现档案电子化存储，减少纸质档案的使用，提高

档案检索效率和空间利用率，降低管理成本。

3. 构建数字化档案管理流程

设计数字化档案管理的工作流程和标准操作规范，确保档案管理工作的规范性和高效性，提升档案管理的水平和质量。

（二）引入智能化技术，提高档案管理效率与服务质量

1. 应用智能化档案检索工具

引入智能搜索引擎和档案检索系统，通过自然语言处理和机器学习技术，实现智能化的档案检索和查询，提高检索效率和准确性。

2. 建设智能化档案服务平台

开发智能化的档案管理应用软件或平台，提供个性化的档案查询、信息展示和服务推送，满足学生和管理者不同层次的需求。

3. 采用智能化档案处理设备

引入智能化的档案处理设备，如智能扫描仪、自动归档机器人等，实现档案数字化处理和存储的自动化，提高处理效率和准确性。

（三）借助大数据与人工智能技术，深化档案信息的挖掘与应用

1. 利用大数据技术进行档案分析

借助大数据分析技术，对档案数据进行深度挖掘和分析，发现潜在的信息价值和规律，为学校管理决策提供科学依据。

2. 应用人工智能技术进行档案智能化服务

结合人工智能技术，开发智能化的档案管理和服务系统，实现自动化的档案分类、标注、推荐等功能，提升档案管理的智能化水平和服务质量。

3. 探索档案信息的多元化应用

将档案信息与学生教育、科研管理、校园安全等方面结合起来，开展多元化的应用探索，充分发挥档案信息的价值和作用，促进学校各项工作的优化和创新发展。

通过推动档案管理的数字化与智能化发展，可以提高档案管理效率和服务质量，满足学校管理的需求，促进高校学生档案管理水平的不断提升。

七、加强对学生档案管理的宣传与推广

（一）制订宣传计划，提升学生和教职工的档案意识

1. 制订全面的宣传计划

设立明确的宣传目标和策略，针对学生、教职工等不同群体制订相应的宣传方案。

定期评估宣传效果，根据反馈调整和优化宣传内容和形式。

2. 加强档案意识教育

开展档案管理意识教育活动，向学生和教职工普及档案管理的重要性和意义，引导他们树立正确的档案管理观念。

在新生入学、教职工培训等场合加强档案管理相关知识的宣传和教育。

（二）开展宣传活动，展示档案管理的重要性与成果

1. 举办主题宣传活动

组织档案管理宣传周、档案管理知识竞赛等活动，通过多种形式生动展示档案管理的重要性和成果。

邀请相关专家学者分享成功案例经验，激发学生和教职工的参与热情。

2. 开展校园宣传展览

在校园内设立档案管理宣传展览，展示档案管理的现状、成果和发展趋势，吸引师生关注和参与。

利用图片、视频等多媒体手段直观展示学生档案管理的重要性和实际运用效果。

（三）利用校园媒体平台和社交媒体加强档案管理的宣传与推广

1. 建设校园媒体平台

利用校园网站、校报校刊等官方媒体平台发布档案管理政策、新闻动态等信息，增强师生对档案管理的关注和了解。

设立专栏或板块，定期推送档案管理知识、案例和经验，提高师生的档案管理意识和能力。

2. 加强社交媒体宣传

利用微博、微信公众号等社交媒体平台开展档案管理宣传活动，发布档案管理政策解读、宣传海报等内容，扩大宣传影响力。

鼓励学生和教职工参与互动，分享档案管理心得和体会，形成良好的宣传效应和社群氛围。

通过以上措施可以加强对学生档案管理的宣传与推广，提高师生对档案管理工作的认知度和重视程度，推动学校档案管理水平的全面提升。

结语：高校学生档案管理的全面发展与愿景

高校学生档案管理是高等教育管理的重要组成部分，承载着记录学生学业、成长和发展历程的重要使命。在当今快速变化的社会背景下，高校学生档案管理不仅面临着挑战，其背后也蕴藏着巨大的发展机遇。本书通过对高校学生档案管理的全面探讨，希望为推动该领域的全面发展提供理论支持和实践指导。

首先，我们要认识到高校学生档案管理对于高等教育的重要性。学生档案是高校管理和服务的基础，它记录了学生的学习成绩、奖惩情况、课外活动等信息，为学校提供了重要的数据支持。学生档案管理不仅关乎学生个人的发展，也关系学校的教学质量和管理效率。因此，高校学生档案管理必须得到足够的重视和支持。

其次，随着教育理念的不断更新和教学模式的不断变革，高校学生档案管理也面临着新的挑战和机遇。个性化教学、信息化教学、实践性教学等教学改革措施的推进，对学生档案管理提出了新的要求。学生的个性化需求日益凸显，需要档案管理系统能够更好地满足不同学生的需求，为他们提供个性化的服务和指导。信息化教学的发展也使档案管理系统更加数字化、智能化，为学校提供了更加高效、便捷的管理手段。实践性教学的深入开展更需要档案管理系统能够全面记录学生的实践活动和成果，为他们提供更好的实践支持和指导。

最后，校企合作作为高等教育的重要组成部分，也为高校学生档案管理带来了新的机遇和挑战。通过与企业合作，学校可以更好地了解企业对人才的需求，为学生提供更加贴近市场的培养方案和服务。同时，校企合作也提出了对学生档案管理的新要求，需要学校能够更好地记录和管理学生在校外实习、实践、科研等活动的信息，为他们提供更好的服务和支持。

基于以上分析，我们对高校学生档案管理的未来愿景可以归纳为以下六个方面。

（1）利用信息技术推动档案管理数字化、智能化发展。随着信息技术的不断进步，高校学生档案管理系统应当不断更新和升级，实现信息的数字化、智能化管理。通过大数据、人工智能等技术手段，实现对学生信息的全面、精准管理，为学校提供更加科学、高效的管理手段。

（2）加强个性化服务和指导，满足学生多样化需求。学生档案管理应当以学生为本，加强个性化服务和指导。通过建立健全的学生档案信息系统，了解学生的个性化需求，为他们提供个性化的学习计划、就业指导、职业规划等服务，帮助他们更好地成长和发展。

（3）拓展校企合作，促进学校与社会的深度融合。校企合作是高校学生档案管理的重要发展方向之一。未来，学校应进一步拓展校企合作，积极与企业、行业等社会各界开展合作，共同推动学生档案管理的创新与发展。通过与企业的深度合作，学校可以更好地了解社会对人才的需求，为学生提供更加符合市场需求的培养方案和服务。同时，学校还可以借助企业的资源和平台，为学生提供更多的实践机会和实习岗位，促进他们的全面发展。

（4）强化教学改革与档案管理制度的有机结合。教学改革是推动高等教育发展的关键因素，而档案管理作为教学管理的重要支撑，应与教学改革密切结合，相互促进、共同发展。学校应不断探索教学改革与档案管理的有效融合之道，充分发挥档案管理在教学改革中的支持与保障作用，为教学质量的提升和学生个性化发展提供有力支持。

（5）加强人才队伍建设，提高档案管理的专业化水平。高校学生档案管理的质量和效率离不开专业化、高素质的管理团队。未来，学校应加强对档案管理人员的培训，提高他们的专业素养和服务意识，不断提升档案管理的专业化水平，更好地适应高校教育管理的需求。

（6）加强与政府部门的合作，共同推动档案管理制度的创新与完善。政府是教育管理的主体之一，高校学生档案管理制度的建设和完善需要政府的支持和指导。学校应积极与政府部门开展合作，共同研究解决档案管理中的问题和难点，推动档案管理制度的创新与完善，为高等教育管理的现代化发展贡献力量。

综上所述，高校学生档案管理在未来的进一步发展需要学校、企业、政府等多方共同努力、共同推动。希望本书所提供的理论分析和实践经验能为高校学生档案管理的发展提供参考和借鉴，共同促进高等教育事业的繁荣与发展。让我们携手努力，共同开创高校学生档案管理的美好未来！

参考文献

［1］冯惠玲.电子文件管理教程［M］.北京：中国人民大学出版社，2001.

［2］陈潭.单位身份的松动——中国人事档案制度研究［M］.南京：南京大学出版社，2007.

［3］陈智为，邓绍兴，刘越男.档案管理学［M］.3版.北京：中国人民大学出版社，2008.

［4］王英玮.专门档案管理［M］.2版.北京：中国人民大学出版社，2010.

［5］华林.档案管理学新论［M］.北京：中国社会科学出版社，2010.

［6］吴建华.科技档案管理学［M］.南京：南京大学出版社，2002.

［7］樊帅.我国档案管理软件应用现状研究［D］.哈尔滨：黑龙江大学，2015.

［8］刘钰.S高校研究生管理信息系统的设计与实现［D］.绵阳：西南科技大学，2017.

［9］刘琪.数字化校园背景下档案管理模式研究［D］.郑州：郑州航空工业管理学院，2017.

［10］董娟，李红梅，张传新.高校学生档案管理工作存在的问题及对策［J］.山东农业大学学报（社会科学版），2003（4）：91-92.

［11］周芳莉.高校学生档案管理的问题与对策［J］.成都大学学报（社会科学版），2005（5）：107-108.

［12］王德欣.高校学生档案管理的新思路［J］.兰台世界，2005（8）：68-69.

［13］高淑侠.浅谈高校学生档案管理［J］.徐州工程学院学报，2006

（10）：85-87.

［14］常欣.高校学生档案管理之我见［J］.忻州师范学院学报，2006，（6）：128-130.

［15］王忠泽.高校学生档案管理中存在的问题及完善措施［J］.重庆科技学院学报，2006（1）：132-134.

［16］侯丽丽.建立高校学生档案管理制度的分析［J］.兰台世界，2007（20）：40-41.

［17］贺红香.高校学生档案管理存在问题及对策［J］.山西档案，2007（2）：43-44.

［18］梁军，郑香珍.创新高校学生档案管理模式为学生就业服务［J］.兰台世界，2007（19）：47-48.

［19］李殷青，王志星.基于WEB的高校学生档案信息管理系统的设计开发［J］.兰台世界，2008（10）：15-16.

［20］王伟.高校学生档案管理现状及对策研究［J］.北京档案，2009（5）：25.

［21］李银银.对《高等学校档案管理办法》增设"学生类"档案的思考［J］.档案与建设，2009（7）：15-16.

［22］苗晓辉，崔金平.高校学生档案管理对策研究［J］.长春大学学报，2009，19（4）：100-101.

［23］何素芳.当前高校学生档案管理存在的问题与对策［J］.福建教育学院学报，2010，11（1）：117-119.

［24］霍雄飞.就业服务视角下的高校学生档案管理研究［J］.档案与建设，2010（2）：40-42.

［25］肖连勤.高校学生档案管理工作创新［J］.黑龙江教育（高教研究与评估），2010（3）：49-50.

［26］夏文.高校学生档案管理的问题及发展方向［J］.北京档案，2010（9）：21-22.

［27］徐静娟.贯彻27号令，完善高校学生档案管理工作［J］.档案与建

设，2010（8）：54-55.

[28] 康增瑞，张洪玮. 信息化背景下高校学生档案管理工作的新思路[J]. 科技情报开发与经济，2010，20（28）：127-128.

[29] 马洁，佟丞，刘卫智. 高校学生档案管理存在的问题及对策研究[J]. 石家庄学院学报，2012，14（2）：115-117.

[30] 刘斌. 高校学生档案管理现代化中的问题与对策[J]. 河南社会科学，2013，21（12）：92-94.

[31] 管弦. 创新以就业为导向的现代高校学生档案管理[J]. 中国档案，2013（7）：56-57.

[32] 吴晓茹，陈丹，张新宏. 构建高校学生档案信息化管理新模式[J]. 陕西档案，2014（4）：28-29.

[33] 罗若. 信息化背景下加强高校学生档案管理的对策[J]. 科技广场，2014（8）：195-198.

[34] 张冉妮，杨松平. 大数据时代高校学生档案管理的挑战与对策研究[J]. 兰台世界，2015（2）：21-22.

[35] 王燕凤. 信息化背景下高校学生档案管理工作发展策略探究[J]. 城建档案，2015（12）：58-59.

[36] 王爱侠."互联网+"时代大学生档案管理工作改革创新研究[J]. 山西档案，2016（6）：147-149.

[37] 徐琨. 大数据时代高校学生档案管理：机遇、挑战与应对[J]. 兰台世界，2017（15）：51-53.

[38] 储华. 高校学生档案管理中信息数字化管理模式应用研究[J]. 中国管理信息化，2017，20（17）：190-191.

[39] 路慧泽，戴娜. 计算机网络技术在高校档案管理中的应用[J]. 价值工程，2017，36（14）：196-197.

[40] 戴艳. 高校档案管理系统服务学校建设的实践与思考[J]. 办公室业务，2017（5）：106.

[41] 邹儒楠. 斯坦福大学电子邮件档案管理系统项目（ePADD）及其

启示[J].档案学研究，2018（4）：123-126.

[42] 周莹莹.高校学生档案管理机构设置问题及对策研究[J].北京档案，2018（3）：38-39.

[43] 宋文超.基于生命周期理论的高校学生档案管理——以北京外国语大学为例[J].兰台世界，2018（9）：56-59.

[44] 杨杰.高校学生档案管理信息化平台的建设与发展[J].兰台世界，2019，（10）：59-60.

[45] 王居一.高校学生档案管理现代化过程中的问题与对策[J].办公室业务，2019（9）：96-97.

[46] 周文晖.以高度的政治责任感做好新时期高校学生档案工作[J].中国档案，2019（12）：66-67.

[47] 郭立，梁静.论高校学生档案管理的风险规避[J].内蒙古科技与经济，2020（14）：18-19，33.

[48] 谢卫朋.关于就业视角下高校学生档案管理创新分析[J].现代经济信息，2020（10）：27，29.

[49] 王庭芸.试析如何运用网络平台推进高校学生档案管理[J].黑龙江档案，2020（2）：42-43.

[50] 胡宁玉，赵青杉，冯丽萍，等.基于区块链技术的高校学生档案管理研究[J].忻州师范学院学报，2021，37（2）：41-44.

[51] 朱蓉.信息化时代高校学生档案规范化管理研究[J].兰台世界，2021（3）：85-88.

[52] 官宇.新时代高校学生档案管理的挑战与对策研究[J].办公室业务，2021（23）：125-127.

[53] 刘敏.区块链技术在高校学生档案管理中的应用探索[J].城建档案，2021（8）：26-27.

[54] 王芗馨.就业视角下高校学生档案管理工作创新与实践[J].办公室业务，2021（2）：159-160.

[55] 何怡慧.新时代高校学生档案管理现状及策略研究[J].办公室业

务，2022（22）：153-154.

[56] 张友菊.信息时代高校学生档案管理信息化平台建设策略[J].兰台世界，2022（10）：77-80.

[57] 陆鑫婷."互联网+"背景下加强高校学生档案管理信息化建设研究[J].造纸装备及材料，2022，51（6）：169-171.

[58] 尚工淋，纪元.信息化时代高校学生档案的规范化管理[J].国际公关，2022（7）：55-57.

[59] 李贺.就业视角下高校学生档案管理工作研究[J].办公室业务，2023（23）：184-186.

[60] 仝英.大数据时代高校学生档案管理问题和对策研究[J].兰台内外，2023（31）：4-6.

[61] 严竹安，冉育彭.信息化时代高校学生档案管理规范化发展的机遇与挑战[J].青岛职业技术学院学报，2023，36（5）：44-47.

[62] 于梅，张宇.浅谈数字化背景下高校学生档案管理的特点[J].山东档案，2023（2）：52.

[63] 贾艳芳.高校学生档案管理工作的探讨——以南京财经大学红山学院为例[J].教育观察，2023，12（4）：29-31，39.

[64] 陈令杰.浅谈高校学生档案管理存在的问题及对策[J].文化产业，2023（3）：16-18.